Copyright ©2024 Sofía Alpízar B.
TODOS LOS DERECHOS RESERVADOS.

Diseño de tapa, diseño interior, ilustraciones a mano y licencias de los íconos por Sofía Alpízar B.

No está permitida la reproducción total o parcial de este libro, ni su tratamiento informático, ni la transmisión de ninguna forma o por cualquier medio, ---ya sea electrónico, mecánico, breves citas en reseñas impresas,sin el permiso previo y por escrito de la titular del Copyright.

Tienes en tus manos tu mejor caja de herramientas.

¡Estamos pronto a iniciar! A partir de ahora vas a aprender de manera simple e ilustrada el uso de las herramientas, sobre materiales de construcción y encontrarás el impulso para hacer tus proyectos realidad con tus propias manos.

Te damos la bienvenida a esta experiencia diseñística.

¡Hola! Soy Sofía Alpízar, y esta niña de cuatro años que ves es una versión de mí misma jugando en la mesa de dibujo de mi papá, quien me enseñó muchísimo sobre ebanistería.

Hoy soy arquitecta, diseñadora de producto y la orgullosa fundadora de Diseñístico.

En 2020 decidí emprender un camino lleno de aprendizajes, adentrándome en el mundo de la ebanistería, y ha sido una de las mejores decisiones de mi vida.

Así nació Diseñístico, **una empresa con un fuerte compromiso social,** enfocada en capacitar y enseñar el uso de herramientas eléctricas, técnicas constructivas y diseño de productos.

Nuestro objetivo es crear una plataforma que ayude a romper barreras de género y económicas, brindando a las personas el conocimiento y las herramientas necesarias para mejorar sus vidas y las de sus comunidades.

En Diseñístico, impulsamos el aprendizaje y la innovación en habilidades artesanales, promoviendo la creación de productos mediante prácticas sostenibles y de cero desperdicio.

Hasta 2024, **hemos capacitado a más de 150 mujeres** y 8 hombres, quienes han transformado sus ideas en productos de madera a través de nuestros talleres.

Algunas personas pensionadas han encontrado una nueva pasión, mientras que otras han superado miedos, como el uso de herramientas o incluso traumas como el miedo al dentista, al enfrentarse al sonido de un taladro.

Este toolbox está diseñado para que puedas no solo aprender, sino también comenzar a desarrollar **tus propios proyectos** y crear nuevas oportunidades.

Nuestro sueño es llevar los talleres y este toolbox a comunidades, grupos de mujeres organizadas y zonas rurales. Si te gustaría apoyar o patrocinar a una mujer para que pueda aprender, contáctanos a través de nuestras redes sociales: @disenistico.cr · @sofia.disenistica o visita nuestra página web **www.disenistico.com**.

Mueble Rosita

Mueble Brisa

Mueble Ari

Mueble Rita

Toolbox Diseñístico 01

A ustedes gracias

02 Toolbox Diseñístico

Diseñístico & Sofia Alpizar
ARQUITECTA

Este toolbox pertenece a:

¡Hola! Yo soy **la amiguita Sofisticada**, seré tu compañera a lo largo de este emocionante recorrido por cada pasillo y también la asistente de Sofi para recordarte detalles importantes.

¡Vamos a empezar! Este toolbox diseñístico es tu mejor caja de herramientas.

Las herramientas están organizadas por pasillos, así como las podemos encontrar en la ferretería, de esta manera puedes utilizarlo como apoyo y manual mientras descubres el maravilloso mundo de las herramientas.

Página Guía de pasillos:

- 05 — **Pasillo 1** · Seguridad Ocupacional.
- 09 — **Pasillo 2** · Materiales de construcción.
- 17 — **Pasillo 3** · Adhesivos y pegamentos.
- 21 — **Pasillo 4** · Tornillos, tuercas y arandelas.
- 29 — **Pasillo 5** · Instrumentos de medición.
- 33 — **Pasillo 6** · Herramientas Manuales.
- 45 — **Pasillo 7** · Herramientas de corte.
- 55 — **Pasillo 8** · Herramientas eléctricas.
- 69 — **Pasillo 9** · Lijado y acabado.
- 73 — **Pasillo 10** · Herramientas para crear.
- 79 — **Pasillo 11** · Vamos a la ferretería.
- 83 — **Pasillo 12** · Crea tus propios proyectos.

Mesita Josefina

Zapatos Dolly
@CristhaDesign

Pasillo 1
Seguridad Ocupacional

Antes de iniciar cualquier proyecto, es importante utilizar el equipo de seguridad para evitar accidentes. Probablemente no será necesario utilizar todo el equipo de de seguridad al mismo tiempo, aunque sí es importante tener la noción de para qué sirven de implemento y cuándo es necesario utilizarlos.

En caso de realizar proyectos de mayor magnitud, donde implique subirse a techos, realizar trabajos en andamios, intervenir paredes externas, ingresar en superficies muy estrechas o casos más complejos, es importante asesorarse con un/a profesional experto/a en arquitectura, ingeniería o salud ocupacional para evitar accidentes.

- Anteojos de seguridad
- Pelo sujetado
- Blusa con mangas
- Sin pulseras o anillos.
- Pantalones
- Zapato cerrado

Toolbox Diseñístico

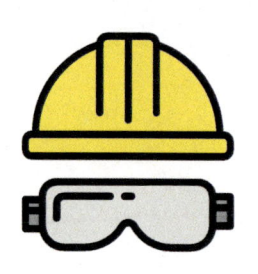

Casco
Es requisito i**ndispensable en toda construcción** ya que nos ayuda a resistir impactos fuertes, su material plástico está diseñado para protegernos, tienen fecha de vencimiento y además, hay de muchos colores, incluido el rosado.

Cinturón de herramientas
Nos facilita trabajar con pero cuando estamos trabajando y tenemos que utilizar herramientas pequeñas como destornilladores, martillo o tornillitos que vamos a utilizar de inmediato el cinturón es perfecto. Si deseas elije uno que te aporte estilo.

Calzado
No utilices zapatos abiertos como sandalias para realizar ningún tipo de trabajo. Así como zapatillas, zapatos con tacón, de tela o que no protejan el pie ante una caída de un objeto o herramienta.

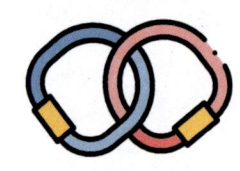

Ligas para el pelo
Es importante trabajar con el pelo recogido. Esto nos permite tener mejor visibilidad, evita que nos toquemos la cara para acomodar el pelo e incluso evitamos accidentes de que se nos quede el pelo enredado en alguna herramienta.

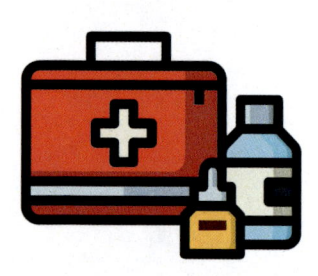

Guantes
Dependiendo de lo que vayamos a trabajar, los guantes son necesarios. Se pueden utilizar para manipular metal, estructuras livianas o mover material. Para diseñar y fabricar muebles no son indispensables, pero nos pueden proteger las manos a la hora de aplicar productos químicos, o pintar superficies.

Si tienen goma en las puntas de los dedos, son aislantes, pueden ser de cuero, late o neopreno y tienen tallas para diferentes tamaños de mano.

No olvides el kit de primeros auxilios.

Toolbox Diseñístico

Anteojos de seguridad

Los anteojos de seguridad están diseñados para soportar impactos fuertes, están fabricados de un plástico más resistente que los lentes normales y tienen diseños específicos para tareas específicas.

Si utilizas lentes médicos, puedes comprar unos anteojos de trabajo con elástico y **visual amplia** para que puedas usarlos al mismo tiempo. Hay inclusive anteojos que tienen protección ultravioleta o polarizados en caso de que te guste trabajar al aire libre.

Orejeras

Muchas de las herramientas son ruidosas, por lo que es buena idea para evitar daños auditivos. **Es recomendable que estas no bloqueen completamente el sonido,** en caso de que no quieras utilizar orejeras también puedes utilizar tapones para los oídos. Son más pequeños, menos incómodos y más prácticos.

Importante: no escuchar música con audífonos mientras trabajamos, podemos utilizar un parlante o bien la radio, pero evitar audífonos que bloqueen el sonido ya que debemos estar alerta a los sonidos que generan las herramientas.

Máscara de respiración

Te recomiendo utilizar cuando estamos lijando la madera, una pared o aplicando productos químicos como la pintura, ya que suelen tener componentes químicos tóxicos que afecten nuestra respiración.

Así mismo evitamos respirar partículas de polvo que genere problemas respiratorios, de esta manera vamos a evitar provocar **reacciones alérgicas o intoxicación.**

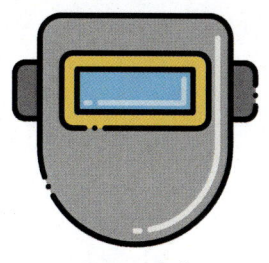

Especial para soldar

Cuando salpiquen cosas.

Con elástico, para quienes usan lentes.

Orejeras aislantes de sonido.

Toolbox Diseñístico 07

Hagamos todas las cosas con amor y con fe, la recompensa será mayor.

Pasillo 2
Materiales de construcción

En este camino creativo y de construcción, nos vamos a encontrar con muchos materiales con los que podemos trabajar. Basta tan solo visitar algunos pasillos en las ferreterías para darnos cuenta de que ahora existe una gran variedad de materiales que nos facilitan mucho la posibilidad de crear.

Visitar los depósitos, ferreterías y conocer de nuevos materiales es mi pasión. Amo descubrir que hay productos que solucionan muchísimo y que facilitan la creación de proyectos y productos nuevos, por este motivo he dedicado esta sección para que aprendas algunos tecnicismos, puedas descubrir nuevos materiales y respondamos a preguntas como:. **¿Qué material utilizo para? ¿Qué lámina será la más adecuada?**

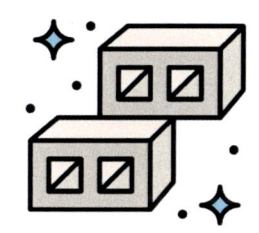

Reglas de madera

Las podemos encontrar en distintos tamaños y generalmente se venden por pulgada, pie o varas.

Las reglas de pino chileno se venden en largos de 300 o 366 cm. Su altura y ancho vienen en **"pulgadas cepilladas"** eso significa que si una pulgada mide 2.54 cm realmente no va a medir eso, va a medir menos por lo que puede medir entre 1.9 cm o 2.1 cm, no siempre son exactas.

La madera reforestada proviene de bosques controlados para evitar la tala ilegal

En reglas de otros tipos de pino, laurel, cenízaro, teca, se adquieren por vara. Una vara mide = 3 pies = 36 pulgadas = 83 centímetros.

Cada madera según su especie va a tener un color específico.

En el mercado podemos a encontrar maderas de distintos tipos. Va a depender de tu ubicación geográfica y la especies de árboles **predominantes** en la zona. Cada tipo de madera tiene colores y olores específicos.

Por ejemplo el **cedro** es más rojizo, el **pino** y **ciprés** más amarillo y el **laurel** puede verse mas verdoso, **la teca** generalmente se vende en tableros.

Cuando vamos a comprar reglas de madera, es importante considerar:

1. Que no tenga muchos nudos. Los nudos es donde estaban las ramas en el árbol entonces esas partes son más frágiles o bien difíciles de atornillar porque son muchas fibras que se juntaron para soportar una rama.
2. Si está cepillada o no. Si no lo está, se va a necesitar lijarla bien para que se le pueda dar el acabado luego. Si no está cepillada, es muy probable que con la lijadora no se logre un acabado esperado.
3. Que no esté torcida o reventada.

Formas en que se presenta la madera

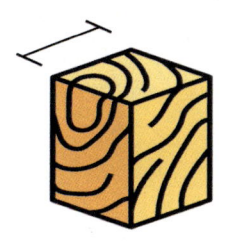

Cuando la madera tiene un corte cuadrado, o sea que sus lados miden igual en sus caras se llama "pieza"

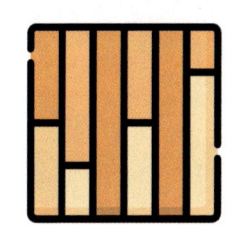

Los tableros son un conjunto de piezas unidas, por eso se ven las diferencias de color y las uniones, como los de teca o pino.

Cuando la madera tiene un lado largo y otro lado más corto se llama "regla"

Láminas aglomeradas MDP.

Las láminas aglomeradas, también conocidas como tableros de partículas o aglomerado, son un material compuesto hecho a partir de partículas o virutas de madera que se mezclan con adhesivos y se compactan bajo alta presión y temperatura para **formar láminas rígidas.**

El panel aglomerado lo encontramos en dos versiones, **la normal** que son fibras generalmente de roble, eucalipto o pino americano comprimido, así como **la versión hidrófuga** que retarda la reacción a la humedad.

El plástico laminado, duro y resistente al calor que se emplea en el revestimiento de muebles **es diferente a la melamina.**

En la imagen siguiente se muestran diferentes tipos de láminas, con colores y texturas similares, pero el interior es lo que incluye mucho en la calidad de un mueble.

En las 3 piezas tienen forro de melamina, pero por dentro, su composición es diferente. A esto se debe la diferencia en precio y en calidad de un mueble.

Toolbox Diseñístico

**Mismo forro
Diferente interior**

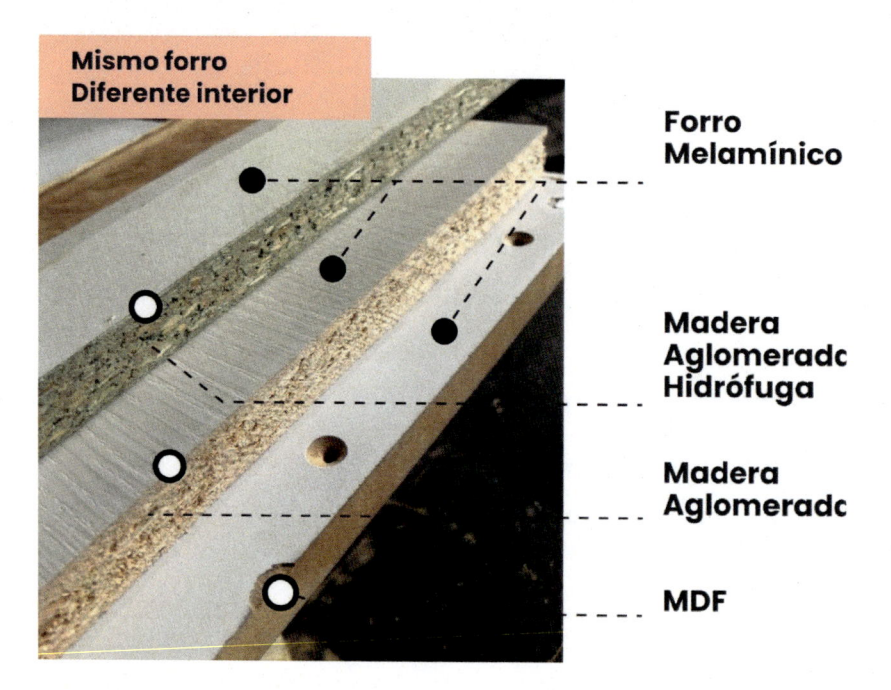

Forro Melamínico

Madera Aglomerado Hidrófuga

Madera Aglomerado

MDF

¿Qué es Melamina?

La melamina es un **recubrimiento plástico** que recubre una lámina de MDF o de Aglomerado. Se suele confundir a la hora de llamar un mueble como si fuera de melamina pero es una estrategia para colocar otra calidad de materiales. Cuando comparamos tableros, lo que realmente lo que importa es el interior. En ambos tipos, **ya sea MDF o Aglomerado MDP,** la melamina puede variar en color y la textura.

Láminas de MDF y MDP

La principal diferencia entre **MDF (Medium Density Fiberboard)** y **MDP (Medium Density Particleboard)** radica en la composición y el proceso de fabricación, lo que les confiere características distintas en cuanto a resistencia, apariencia y usos. Sen utilizan para fabricar muebles. Estos se deben de laquear y aplicar color porque la lámina así como tal no puede quedar expuesta.

- **MDP Composición:** Se fabrica con partículas o virutas de madera de tamaño medio y mayor grosor que las fibras del MDF, mezcladas con resinas y prensadas en láminas.
- **MDF Composición:** Se fabrica a partir de fibras de madera muy finas, que se mezclan con resinas y se prensan bajo alta presión y temperatura.

Láminas de Plywood / Terciado / contrachapado.

Es un tablero, generalmente de 4"x6" o su equivalente en 122 x 244 cm conformado por láminas finas de madera, que a su vez son fibras de piezas de madera adheridas con resinas y pegamentos unidas entre sí de manera transversal y longitudinal. Se diferencia de la madera sólida porque no es una pieza que se sacó directamente de un árbol, para armar una lámina se necesita procesar esos pedacitos de madera y convertirlos en tableros.

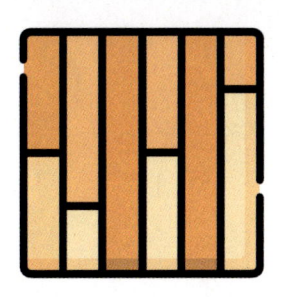

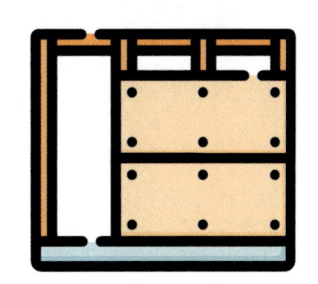

Plywood Fenólico

Existe también el plywood fenólico, a este se le agrega un adhesivo sintético a base de fenol-formaldehído que proporciona características especiales, como la humedad que tiene una resistencia mayor a la humedad y a variaciones climáticas.

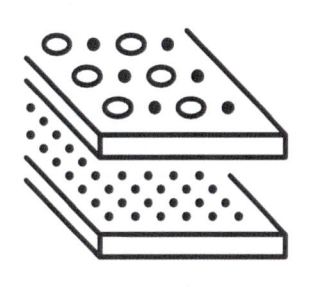

Drywall / gypsum

Es una lámina de yeso que también se conoce como "gypsum", recubierta por papel en ambas caras. Su resistencia es muy baja ya que no resiste golpes, humedad o sujeción con tornillos, como para colocar recuadros de fotos.

Lámina de Yeso + fibra de vidrio

Panel yeso con revestimiento externo de fibra de vidrio de alto rendimiento, para fijarse a estructuras de acero o madera, integra un núcleo de yeso resistente a la humedad, es no combustible, con superficies de fibra de vidrio para brindar una excelente protección a la intemperie.

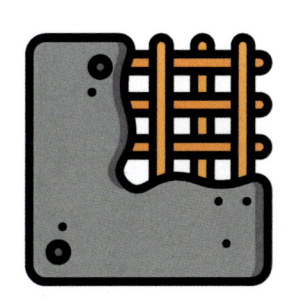

Toolbox Diseñístico

Concreto & Cemento

El cemento está hecho de piedra pulverizada en granos. Generalmente se suele llamar **"cemento portland"**. El concreto por otra parte, es la mezcla de cemento y agregados como arena o grava y agua.

Arena + Cemento + Agua = Concreto

Para hacer macetas, decoración, pisos, paredes, es importante conocer su dosificación, esto es la cantidad de cada uno que se necesita para su acabado y resistencia.

¿Cómo identificar una pared de concreto de una liviana?

Puede hacerse observando varias características tanto en los materiales como en el sonido que se emite al darle pequeños toques:

Paredes Livianas

Suena hueca. Puede tener un sonido más suave o resonante.

Generalmente es más delgada y ligera. Puede estar hecha de materiales como paneles de yeso, madera, o metal.

A menudo se construye con un marco de madera o metal cubierto con paneles de yeso o similar. Por esta razón no se puede atornillar cualquier cosa sin verificar la capacidad de soportar lo que se quiere atornillar.

Puede tener juntas visibles donde se unen los paneles de yeso, aunque estas pueden estar enmasilladas.

Paredes de concreto

Suena sólida y más densa.

Es más gruesa y pesada.

Se construye vertiendo concreto en moldes o utilizando bloques de concreto.

Puede tener una superficie más lisa y uniforme, o puede mostrar las líneas de las juntas de los bloques o del encofrado.

Pared Liviana — **Pared Bloques de concreto**

ARMANDO LA CAJA DE HERRAMIENTAS

Estamos a punto de entrar a los pasillos de herramientas manuales y eléctricas, pero antes, hagamos una lista de las herramientas que tienes en casa, utiliza este espacio para escribir cuáles tienes o bien empezar a armar tu caja de herramientas soñadas:

1. _____
2. _____
3. _____
4. _____
5. _____
6. _____
7. _____
8. _____
9. _____
10. _____
11. _____
12. _____
13. _____
14. _____
15. _____
16. _____
17. _____
18. _____
19. _____
20. _____
21. _____
22. _____
23. _____
24. _____
25. _____
26. _____
27. _____
28. _____
29. _____
30. _____
31. _____
32. _____
33. _____
34. _____
35. _____
36. _____

Toolbox Diseñístico

"Enseñémosle al sol como brillar"
–Sofi

Pasillo 3: Adhesivos y pegamentos

Tape eléctrico
Está diseñado con plástico y vinil. Suele utilizarse en trabajos eléctricos.

Cinta Tapacanto
Se utiliza para cubrir el borde de los tableros aglomerados. Generalmente tienen el mismo color del panel.

Cinta Papel / Cinta malla.
Se utiliza para cubrir las juntas en las paredes con forros livianos como el "gypsum" o fibrocemento.

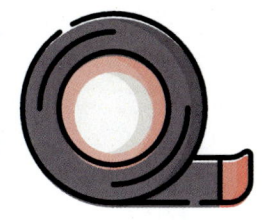

Poxipol
Se conoce como un adhesivo de dos componentes, fácil de preparar y usar. Pega una amplia variedad de materiales: metal, cemento, loza, madera, mármol, plásticos, vidrio, hormigón, fibrocemento, cerámicos, granito, porcelana.

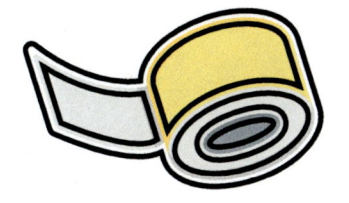

Silicón industrial
Se utiliza para tapar goteras en el techo o para sellar de manera temporal en tuberías para cancelar filtraciones.

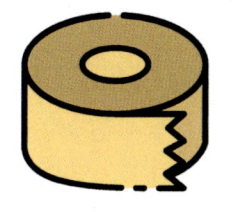

Duretan
Es un sellador de poliuretano formulado para sellar juntas constructivas con movimiento severo, emboquillados y sellos de láminas en techos.

Toolbox Diseñístico 17

No más clavo
Es un producto de agarre inmediato y de fácil uso. Pega todo tipo de maderas, aluminio, piedra, plástico y concreto siempre y cuando una de las superficies sea porosa.

Super Bonder
Conocido como goma loca, dependiendo de la marca, es un pegamento líquido o en gel de alta adherencia que se puede remover únicamente con líquidos a base de petróleo como la acetona.

Goma en spray
Se utiliza para unir materiales livianos o bien en superficies más grandes donde no se desea que queden grumos o residuos de pegamento, como en papel, telas, cartones. Dependiendo de la marca, se pueden encontrar pegamentos en spray más resistentes que otros.

Cemento de contacto.
Es un producto utilizado para unir piezas iguales o compuestas por diferentes materiales. Su principal bondad es que, además de ser muy fácil de utilizar, seca rápidamente al contacto con la superficie. Se utiliza aplicando la misma cantidad de pegamento en cada lado de las piezas que se desean unir, se deja secar y luego se unen haciendo presión. Se puede utilizar para pegar zapatos, laminados, o superficies porosas.

Pegamento para madera.
Es una goma más densa que la goma escolar, generalmente es de color amarillo y se encuentra en la versión lavable o bien, resistente al agua para usos externos.

Cinta Adhesiva
Es un producto de agarre inmediato y de fácil uso, sin embargo hay diferentes tipos de uso.

Significado de los colores de la cinta adhesiva:

- **Azul:** cinta de adherencia media ideal para paredes y molduras pintadas, carpintería, vidrio y metal.
- **Amarillo:** para señalizar.
- **Verde:** de alto rendimiento es ideal para pintura industrial, incluyendo aplicaciones de dos tonos en camiones, autobuses, remolques, trenes, camiones de bomberos, ambulancias y aviones.
- **Roja:** para aplicaciones de estuco, la cinta roja se puede utilizar para crear un sello resistente al agua. También se puede utilizar para sostener láminas de plástico para proteger las superficies.
- **Negra:** cinta adhesiva con retardante a la flama, es excelente para aislar y proteger instalaciones domésticas, comerciales e industriales.
- **Blanca:** multiuso de grado medio diseñada para reparaciones donde el color es importante, para manualidades y reparaciones rápidas.
- **Refractantes:** como verde, rosado, rojo, amarillo, utilizadas para colocarse en vehículos, accesos o salidas, o para prendas de vestir.

Silicona escolar vs de construcción

La silicona es un compuesto químico que se usa de forma común para sellar materiales. Entre todas sus ventajas, están la resistencia a las altas temperaturas, a la humedad y la facilidad de manipulación.

Existe **silicona neutra** para cuando necesitamos pegar espejos en la pared, algún tipo de vidrio con otro.

La **silicona escolar** se encuentra en barras para utilizar con pistola que calienta la barra o bien líquido como en presentación gel donde su resistencia se limita a materiales como de papel o ciertos plásticos.

La **silicona de construcción** se utiliza para sellar, como en ventanas, bordes de fregadero, lavados o áreas donde hay humedad, también lo podemos utilizar para tapar fisuras en paredes, filtraciones en las ventanas.

Toolbox Diseñístico

"Con base a datos estadísticos, nueve de cada 10 mujeres, dependen de su pareja, novio, papá, abuelito o vecino para realizar intervenciones en su hogar, ya que desconoce como utilizar las herramientas constructivas"

Si has llegado hasta acá, la estadística está empezando a cambiar.

Pasillo 4

Tornillos, tuercas y arandelas.

La primera vez que uno va a la ferretería y pregunta por tornillos, puede que las personas nos realice preguntas muy específicas y técnicas que nos confundan más, tal vez te pregunten si el tornillo es con rosca americana, estándar, que con cabeza, que fino o grueso, que con rosca o sin rosca, que negro o dorado, que para madera o metal, que de aluminio o cromado, que en pulgadas o milímetros, que con cabeza grande, pequeña o avellanado para que quede oculto.

Hay DEMASIADAS opciones.

Empecemos descubriendo las partes del tornillo.

Lo tornillos tienen cuatro partes:

1. Cabeza: más adelante aprenderemos sobre los diferentes tipos de cabeza.

2. Caña: Es la parte que queda sujetando la lámina o la pieza.

3. Hilos: pueden ser gruesos o bien finos, estos responden al comportamiento del tornillo en el material para que no se suelte fácil o no amarre ni tampoco que sea difícil de insertar.

4. Punta: puede ser para madera / gypsum o bien punta broca, que tiene literalmente unas aletas que le ayudan al tornillo para que ingrese en el metal.

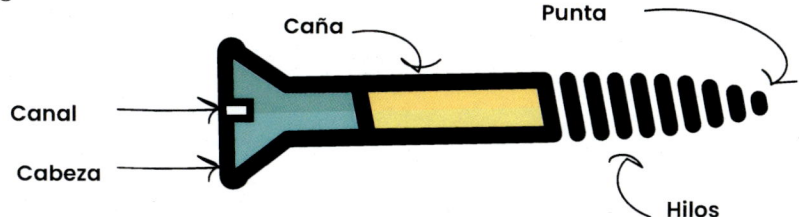

Toolbox Diseñístico

Tipos de tornillos para usos específicos

1. Tornillos para madera: se caracterizan porque la cabeza es plana y tienen una caña más larga para que sujete una pieza y se enrosque en otra. También se pueden utilizar los tornillos para gypsum con punta fina.

2. Tornillos para metal: la cabeza es redonda u ovalada. Los tornillos para láminas de metal tienen ejes totalmente roscados. Los hace más seguros cuando se instalan en diferentes tipos de materiales.

3. Tornillos mecánicos: la cabeza y la rosca van a ser más grandes y anchas para que tenga mejor sujeción en las piezas mecánicas. Resisten la vibración y también suelen atornillarse con atornilladores de aire o le colocan arandelas de presión.

4. Tornillos de albañilería: se utilizan en concreto, ladrillos, bloques. Requieren ser insertados con un taladro percutor, generalmente son de color metálico y azul para identificarlos.

Tamaño de los tornillos

En la bolsa o caja de los tornillos se indica el espesor del tornillo o el grosor y el largo de este.

Ejemplo: La bolsa indica que hay tornillos **#8 x 2 1/2 "** (una medida muy utilizada en construcción. En el caso de los muebles sería como #6 x ½" o de 2" de largo. **El numero que va primero (8) representa el grosor del tornillo y la siguiente medida el largo, que puede incluir una fracción de pulgada.**

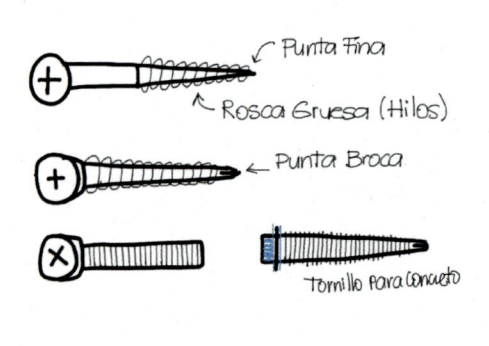

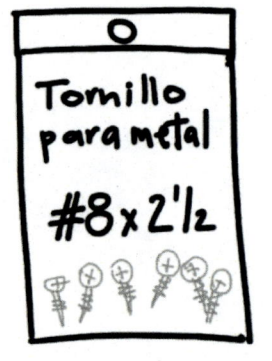

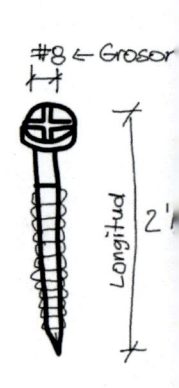

Toolbox Diseñístico

Ranura en la cabeza de tornillos

Adicional a la forma de la cabeza del tornillo hay canales. Para cada cabeza es importante utilizar la punta correcta porque así vamos a asegurarnos que el tornillo quede ajustado, que ingrese fácilmente en la ranura y evitar accidentes, más que si se atornilla con atornillador o taladro. Los más comunes son:

A. Flat / plano / recto: es una sola ranura en todo el ancho de la cabeza del tornillo. El tamaño de una unidad plana se mide en fracciones de pulgada, como 3/6 de pulgada o 1/4 c correspondiente al ancho de la cabeza.

B. Phillips: Las cabezas de tornillo Phillips tienen un diseño en cruz que permite un mejor agarre con destornilladores específicos, distribuyendo la fuerza de manera uniforme. Son ideales para aplicaciones que requieren precisión y evitar el deslizamiento del destornillador. Los tamaños populares son #1 y #2.

C. Estrella: es una punta con 5 estrellas. Se utiliza para dispositivos electrónicos, electrodomésticos o bien juguetes.

D. Cuadrada / Robertson: se encuentran en piezas electrónicas o electrodomésticos. Suelen colocarlas robots en procesos de ensamble industrial.

E. Hay otras puntas menos comunes pero las ilustramos para que puedas identificarlas por su nombre.

Tornillo con cabeza hexagonal y arandela; Suele utilizarse en carrocería o techos.

Perno + tuercas No tienen punta ni ranura en la cabeza.

Tornillo azul = tornillo para concreto.

Tornillo punta fina con rosca fina.

Tornillo punta fina con rosca gruesa.

Toolbox Diseñístico

Tipos de cabezas

Los tornillos tienen diferentes tipos de cabeza que responden a distintas necesidades:

1. Cabezas planas: son las más comunes para madera, generalmente tienen una cabeza plana y un **cuerpo en V** para que ingrese bien en la madera.

2. Cabeza redonda: son cabezones, tienen una figura semicircular. Se utilizan como en electrodomésticos, en muebles de bajo costo donde los tornillos quedan expuestos o bien en partes mecánicas.

3. Ovalados: su cabeza permite que el tornillo ingrese un poquito dentro del material pero siempre va a quedar una parte de la cabeza expuesta. No tan expuesta como el circular.

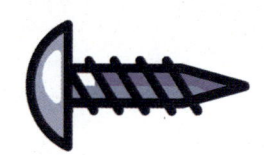

4. Cabeza plana expuesta: Tienen la cabeza redondeada y también quedan expuestos.

5. Cabezas hexagonales / octogonales y otras. Estos se utilizan generalmente o para techos o para piezas mecánicas.

6. Tuercas: Una tuerca es una pieza metálica de forma generalmente hexagonal o cuadrada, con un orificio central roscado (internamente) que se utiliza para asegurar y sujetar componentes junto con un tornillo. Al atornillar un tornillo en la tuerca, se crea una unión que mantiene dos o más piezas juntas de manera firme.

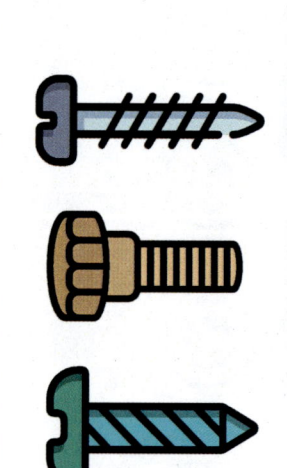

Toolbox Diseñístico

Tipos de brocas

Brocas para concreto
Una broca para concreto es una herramienta de perforación diseñada para atravesar materiales duros como concreto, ladrillo y piedra. Tiene una **punta reforzada,** generalmente de carburo de tungsteno, que resiste el desgaste y soporta altas fricciones. **Se usa con taladros de impacto** o rotomartillos, combinando rotación y golpes para perforar eficientemente superficies duras.

Puntas de taladro
Las puntas para taladro son accesorios intercambiables que se colocan en el portabrocas de un taladro para atornillar o desatornillar tornillos de diferentes tipos. Están disponibles en una variedad de formas y tamaños y permiten convertir el taladro en una herramienta versátil para diversas tareas de fijación.

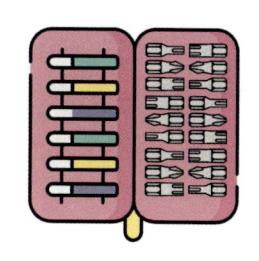

Broca para madera
Suelen tener una punta centradora afilada para mayor precisión y bordes cortantes que crean agujeros limpios. Están disponibles en varios tamaños y formas, como brocas helicoidales, de pala y de campana, según el tipo de perforación que se necesite realizar en la madera.

Broca tipo paleta.
Se utilizan para hacer perforaciones de hasta 3 centímetros aproximadamente en la madera. Tiene una punta fina y luego la forma de una pala para hacer la perforación.

Broca para metal
Tienen un diseño helicoidal que facilita la extracción de virutas de metal durante la perforación, lo que ayuda a evitar el sobrecalentamiento y a lograr un corte más preciso y limpio.

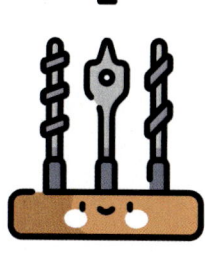

Toolbox Diseñístico   25

Broca sierra

Tienen un diseño helicoidal que facilita la extracción de virutas de metal durante el proceso de perforación, lo que ayuda a evitar el sobrecalentamiento y a lograr un corte más preciso y limpio.

Estas brocas son compuestas. Tienen 3 accesorios, la broca normal, que es la de color gris, la broca sierra que es la de color celeste y la parte verde se llama mandril, es quien sostiene la broca.

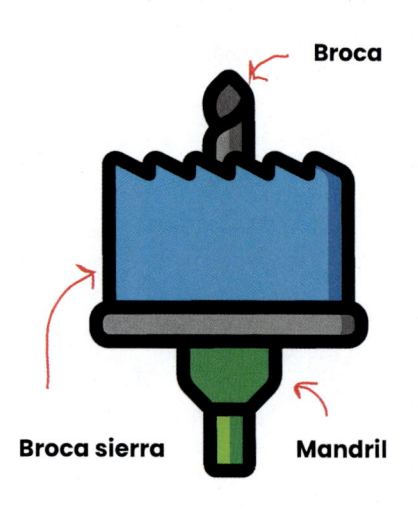

Broca

Broca sierra

Mandril

Broca avellanadora

Esta bronca va a avellanar para que la cabeza del tornillo quede "escondida" dentro del material. Avellanar significa que va a hacer una forma cónica para que el tornillo entre.

Broca para bisagras

Son un tipo de broca especial que primero marca un punto y luego va desgastando poco a poco con la medida adecuada para que la bisagra acomodarse en ese espacio y pueda ser atornillada.

Las bisagras de los muebles necesitan una perforación específica para que funcionen. Si una bisagra se afloja, podes colocar un taquito de madera con goma y luego volver a meter el tornillo.

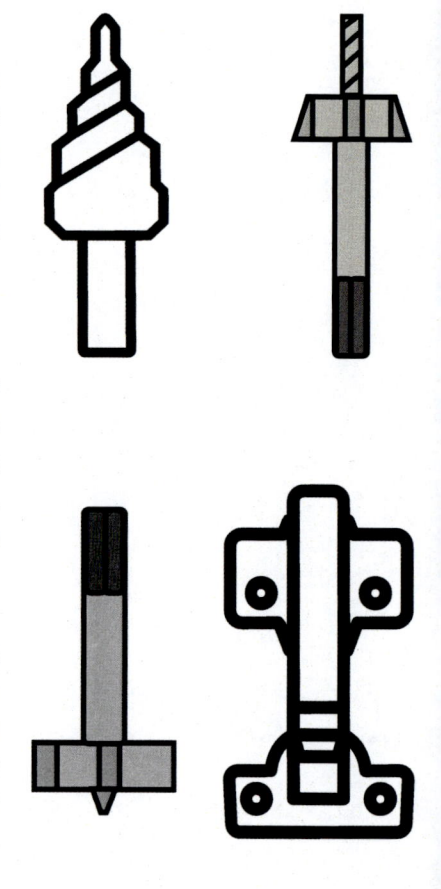

Toolbox Diseñístico

Regla Calibradora

Mide diámetros, longitud y rosca de pernos, tornillos y brocas. Con esta regla nunca más vamos a suponer una medida de un tornillo.

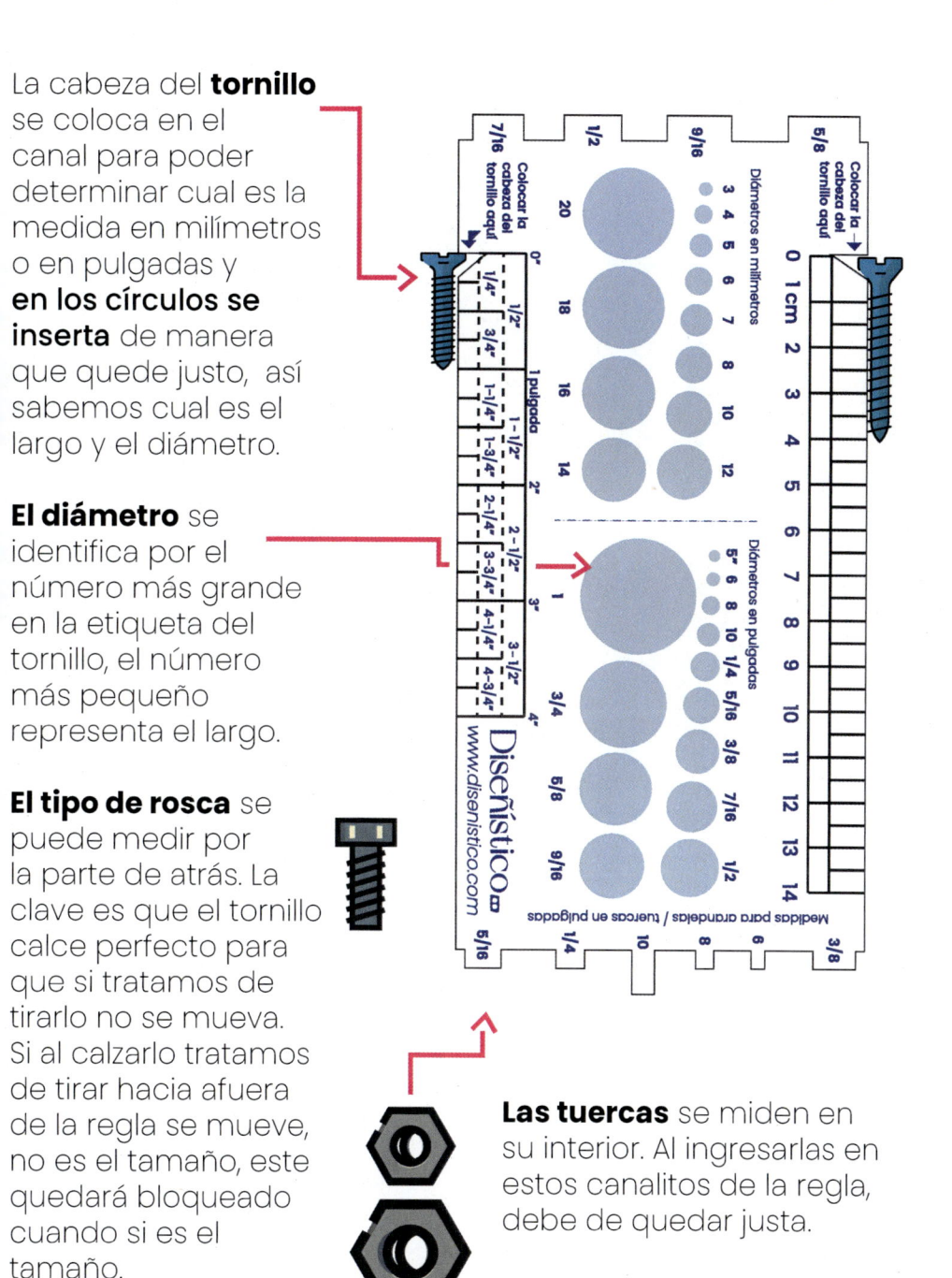

La cabeza del **tornillo** se coloca en el canal para poder determinar cual es la medida en milímetros o en pulgadas y **en los círculos se inserta** de manera que quede justo, así sabemos cual es el largo y el diámetro.

El diámetro se identifica por el número más grande en la etiqueta del tornillo, el número más pequeño representa el largo.

El tipo de rosca se puede medir por la parte de atrás. La clave es que el tornillo calce perfecto para que si tratamos de tirarlo no se mueva. Si al calzarlo tratamos de tirar hacia afuera de la regla se mueve, no es el tamaño, este quedará bloqueado cuando si es el tamaño.

Las tuercas se miden en su interior. Al ingresarlas en estos canalitos de la regla, debe de quedar justa.

Toolbox Diseñístico

Mi abuela siempre ha dicho **"Medir cien veces, cortar una vez"** y si qué tiene razón doña Sarita. Es de los mejores consejos que nos ha dado a todos, porque como modista ella no se podía permitir dañar una tela especial.
- Sofi.

Pasillo 5
Instrumentos de medición

Las herramientas manuales son todas aquellas que no requieren electricidad, que existen desde tiempos antiguos y que hasta el día de hoy siguen siendo vigentes.

Cinta Métrica
Es la más utilizada en la construcción, es retráctil, inician en 1 metro y pueden ser metálicas o plásticas.

Las encontramos en centímetros y en pulgadas. Algunas más completas traen nivel o imán en la punta para que se sujete mejor. Se pueden colgar porque traen sujetador y freno para mantener medidas. Las que tienen goma negra en la parte de afuera, esa goma negra sirve de borrador en la madera.

Cinta de larga distancia
Suelen utilizarse para medir terrenos, hay tipo cinta arrollable o en su efecto, el odómetro que mide distancias por medio del giro de una rueda que marca la distancia recorrida.

Pie de rey / Vernier
Se utiliza para tomar medidas precisas, generalmente en mecánica automotriz y de precisión. Mide distancias más pequeñas que los milímetros o fracciones de pulgada.

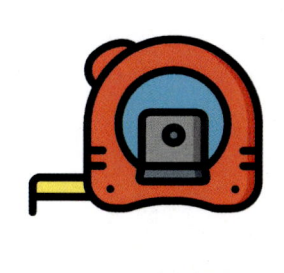

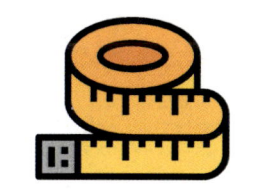

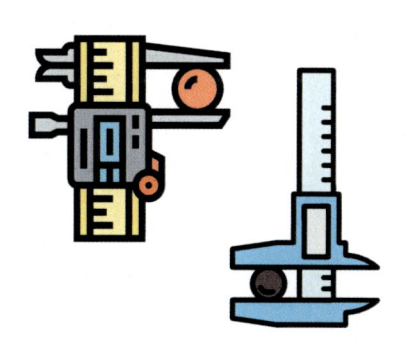

Toolbox Diseñístico

Regla articulada

Es de mis favoritas. Mi papá me ha regalado una que atesoro con todo mi corazón. Es una regla con distancias cortas que se va doblando hasta quedar pequeña. Suelen ser de madera y la utilizaban mucho los ebanistas.

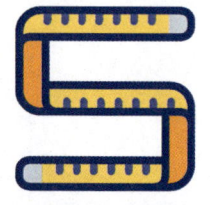

Regla articulada.

Regla de madera.

Nivel tipo torpedo

Es un nivel pequeño y compacto que sirve para espacios pequeños o distancias cortas. También permite, por el pequeño ángulo de su diseño, validar el nivel en ángulos de 45 grados. No se puede utilizar en distancias largas porque no va a ser tan precioso como un nivel de viga.

Nivel común.

Nivel de viga.

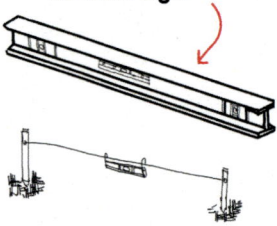

Nivel tipo viga

Miden entre 50 y 150cm de largo. Se utilizan para validar ángulos de mayor distancia.

Nivel de gota.

Nivel de 1 gota - pequeño.

Es un nivel pequeño, que colocamos en una cuerda para validar que esté a plomo. Sirve en construcción o para distancias muy largas (Un nivel casero y favorito de los constructores es utilizar una manguera, llenarla de agua y extenderé los extremos de la manguera para validar en donde se queda la gota de aire).

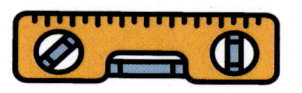

Nivel combinado.

Tiza

Cuerda de tiza

Se utiliza para trazar guías en distancias largas. En el jardín puede utilizarse para marcar donde queremos colocar algunas plantas o bien donde podríamos colocar un techo. Es prácticamente una cuerda recubierta con tiza con la que generemos una marca por donde está pasando la cuerda.

Metal de Plomo

Toolbox Diseñístico

Escuadra

La escuadra es nuestra mejor amiga en todo aspecto. Siempre nos va a marcar un ángulo de 90 grados.

La escuadra falsa tiene una prensa o tornillo con o sin compás que nos permite replicar un ángulo específico. Esta es muy útil cuando queremos cortar un rodapié (guardapolvos), un marco de madera, alguna pared que fue construida en otro ángulo que no sea 90 grados.

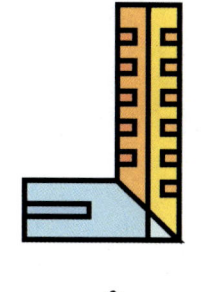

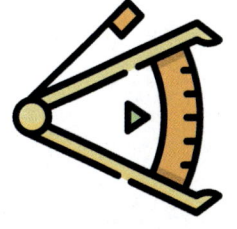

Cinta / Escuadra Laser

Se parece mucho a un nivel láser sin embargo es un dispositivo que permite tomar medidas por medio de puntos láser así como marcar ángulos y determinar si por ejemplo una pared no está a 90 grados. Inclusive dispositivos como el Iphone tienen cinta métrica y nivel digital.

Recomendación de la amiguita sofisticada:

Cuando compramos **cajas de herramientas,** es recomendable hacer un inventario primero de las herramientas que tenemos para tener certeza que nos va a alcanzar todo o bien si necesitamos alguna en específico como los organizadores para colocar todos los tipos de tornillos.

Toolbox Diseñístico

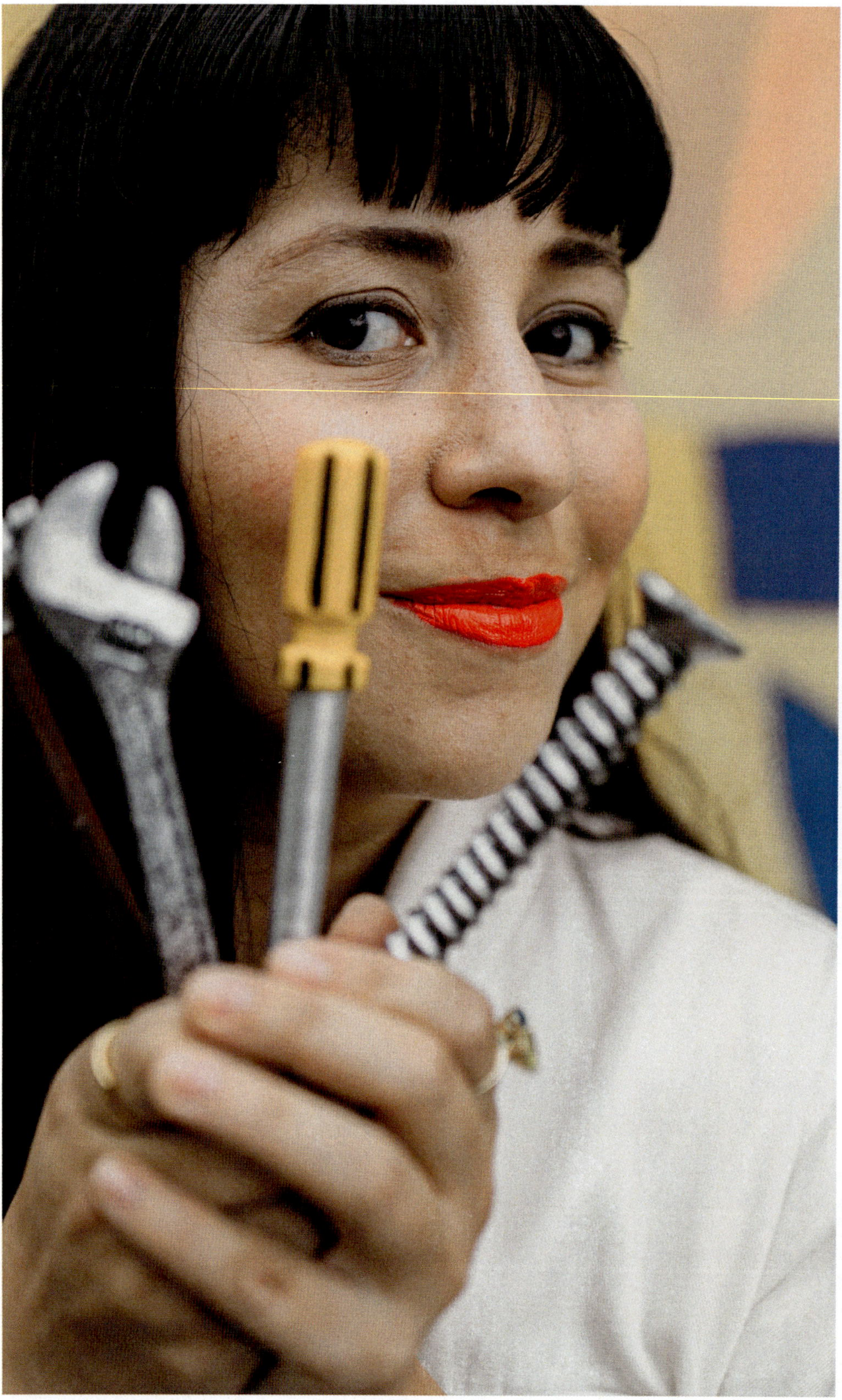

Pasillo 6
Herramientas Manuales

Son todas aquellas herramientas que no requieren electricidad y en algunos casos preceden a las herramientas eléctricas y son vitales para agilizar tareas específicas, para evitar accidentes y como elemento de fijación.

Estas son las que van llenando la caja de herramientas y que hay de muchos modelos, colores, tamaños. **¿Cuáles son las adecuadas?** Eso solo nos lo va a decir la forma en que trabajemos, cómo y cuales son nuestras necesidades. La clave está en elegir las que nos faciliten la tarea.

Prensas.
Se utilizan para sujetar. Sirven mucho cuando necesitamos fijar una pieza a la mesa de trabajo, o cuando queremos sujetar algo pero no fijarlo por completo o de manera permanente. Es recomendable tener al menos dos unidades para fijar la pieza en ambos extremos.

Sargento / Abrazaderas
Están diseñados para realizar presión entre dos piezas, son muy útiles para fijar y cuando queremos cortar o atornillar sin que las piezas se muevan y de esta manera vamos a tener las manos libres para utilizar otras herramientas. Se utilizan también cuando queremos unir varias piezas de madera, por ejemplo, con pegamento y se requiere presión para que queden bien unidas. Hay sargentos con tuerca que tienen un mango giratorio o bien un tipo de prensa que se va ajustando hasta quedar sujeta.

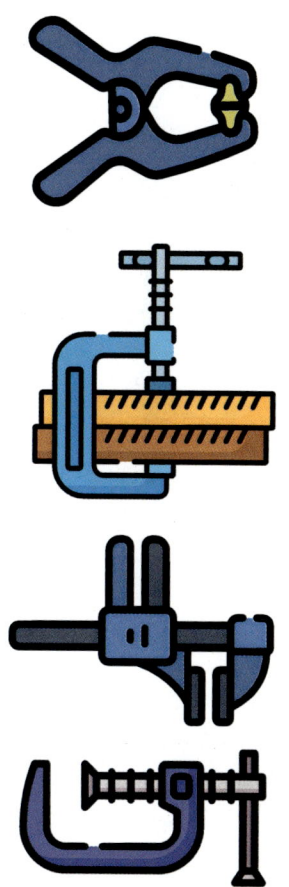

Toolbox Diseñístico

Prensas esquineras

Son lo máximo cuando se trata de armar muebles. Yo las utilizo a diario porque me permiten siempre estar segura que al atornillar, las piezas no me van a quedar torcidas o el tornillo va a tomar mal camino. Al igual que los sargentos y otras herramientas de sujeción, facilitan que podamos tener las manos libres para hacer uso de otras herramientas.

Eslingas / straps

Útiles cuando se va a transportar algo. Nunca realice una mudanza, traslade un mueble o material sin asegurarte que el transportista fije bien ese objeto con eslingas adecuadas. No hacerlo puede provocar daños, accidentes viales o perder la inversión de lo que se está trasladando.

Serrucho

Un serrucho es una herramienta manual utilizada para cortar madera y otros materiales. Consiste en una hoja de metal dentada y un mango. Existen varios modelos con diferentes tipos de van a variar en su hoja de corte, dientes y tamaños. Si no sabemos hacer cortes rectos, se puede complementar con la ingleteadora manual.

Caja de inglete para guía de corte

Es un accesorio que nos sirve para prensar dos o más piezas y mantener los ángulos, o para atornillar o cortar sin temor de perder las medidas, o para fijar alguna pieza o herramienta a la mesa de trabajo. Es muy útil para practicar y adquirir experiencia porque nos ayuda a evitar tener accidentes.

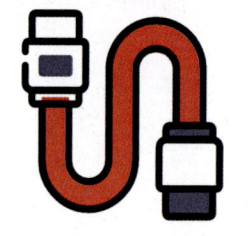

Recomendaciones de uso

Ya sea que uses una prensa / abrazadera en F con tornillo giratorio o una abrazadera de barra de liberación rápida, aquí tienes un buen orden de operación:

01 Coloca tu material o las piezas en la posición en la que deseas sujetarlas. Puede que necesites a otra persona para que sostenga la pieza por ti.

02 Abre las mordazas de la abrazadera lo suficientemente anchas como para que se ajusten alrededor de tu material.

03 Coloca la mordaza superior sobre el material y levanta la mordaza inferior hasta que haga contacto con el otro lado del material.

04 Ahora aprieta. Para una abrazadera en F, gira el tornillo giratorio hasta que quede ajustado. Para una abrazadera de liberación rápida, aprieta el mango grande para ajustar (la palanca más pequeña es para liberar).

05 No aprietes demasiado, ya que podrías dejar marcas o abolladuras en la madera.

06 Se puede colocar una pieza de madera sobre la pieza que queremos fijar para evitar que queden marcas de la prensa.

07 Atornillamos, cortamos o pintamos. Lo que necesitemos hacer.

08 Para retirar, gira el tornillo giratorio de una abrazadera en F en la dirección opuesta y aflojar.

09 En una abrazadera de liberación rápida, aprieta la palanca de liberación más pequeña.

Toolbox Diseñístico

MARTILLO

Es de las herramientas manuales más conocidas.

Hay martillos con características específicas:

- Con mango de madera o de metal.
- Con recubrimiento plástico o de hule.
- Entre más pesado es el martillo, más fuerza va a tener para insertar un clavo o martillar.
- Hay otros que permiten colocar los clavos para que queden alienados y evitar golpear los dedos.
- Maso en su versión de hule.

> Para elegir el martillo adecuado mi recomendación es poder elegir un martillo que no sea tan ligero pero tampoco tan pesado para su capacidad, que podamos sostenerlo con una sola mano y que no genere malestar en la muñeca por su peso.

El martillo tiene formas correctas de usarse, un error común es agarrar la parte superior del mango, cerca de la cabeza del martillo, y golpear con él. Esto no es muy efectivo, ya que básicamente anula el beneficio de tener el "brazo extra" del martillo. En su lugar, sigue estos pasos para balancear un martillo correctamente.

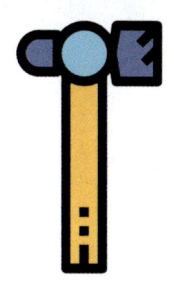

Martillo de bola. En una cara tiene la cabeza plana y del otro lado con bola para hacer golpes por ejemplo en soldadura.

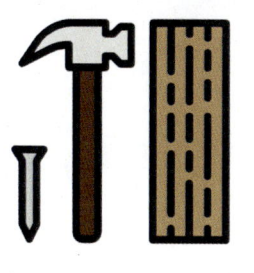

Martillo de carpintero (de uña): Tiene una cabeza con una cara plana para golpear y una uña curva en el otro extremo para sacar clavos.

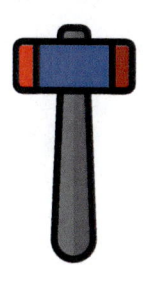

Martillo de maso: Es un martillo grande con una cabeza de goma o madera, utilizado para golpear sin dañar la superficie.

Martillo de mampostería: Tiene una cabeza con una cara plana para golpear y una cara de cincel para romper ladrillos y piedras.

Recomendaciones de uso:

01 Siempre **usa gafas de seguridad** cuando utilices un martillo.

02 Coloca el clavo con tu **mano no dominante** y golpea ligeramente la cabeza del clavo con el martillo, lo suficiente para que se mantenga en su lugar. Luego, retira tu mano no dominante y termine de martillar de manera recta.

03 Si el martillo tiene un puño de goma, ahí es donde tenemos que colocar la **mano dominante para sujetar el martillo.**

04 Es importante no cerrar los ojos al martillar. Mantener la vista fija en el clavo, luego se balancea desde el codo y seguido desde la muñeca. Nuestro brazo funciona perfecto para que las articulaciones nos permitan martillar, flexionarlos nos ayuda a incrementar la fuerza. No hacerlo nos va a lastimar la muñeca.

05 Algunos martillos tienen cabeza con imán que permite que el clavo se sostenga mejor sin la dependencia de nuestros dedos.

Toolbox Diseñístico

DESTORNILLADOR

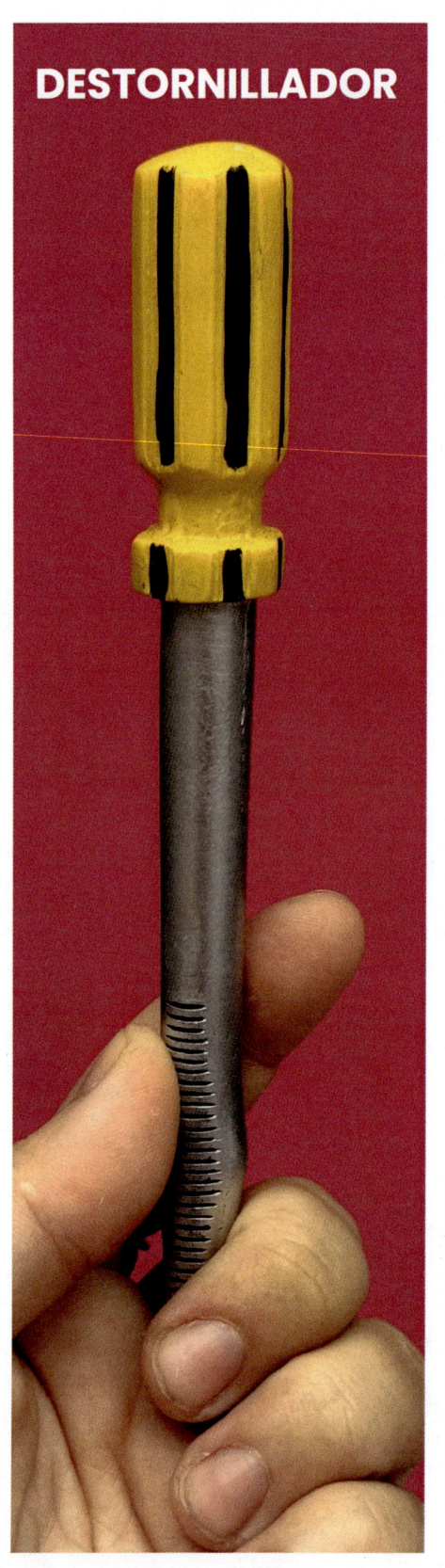

Hay de muchos tipos, desde para uso eléctrico con medidor de voltaje o bien con mango regular. El secreto es identificar que tornillos vamos a utilizar para saber cuál destornillador le corresponde. Hay **atornilladores** manuales a los que se le cambian las puntas, estos son muy útiles para trabajos ocasionales pero no siempre son idóneos para trabajos constantes.

Hay destornilladores con **cabeza hexagonal** que también sirven para quitar tornillos con cabeza hexagonal, pero el tema es no complicarnos. Si no sabemos cuál comprar o cuál utilizar, la clave está en ver el tornillo y con esa muestra elegir el adecuado. Para iniciar, con un destornillador Phillips y un destornillador plano es más que suficiente. Hay de muchos largos porque hay tornillos en posiciones muy incómodas, así como destornilladores con el cuerpo muy corto para andarlos en la mano. **A estos pequeños, se les suele llamar coloquialmente "sapitos".**

No importa qué tipo de destornillador o tipo de punta estés usando, aquí tienes algunos consejos útiles:

Sapitos (Globo)

← Puños

Destornillador estandar

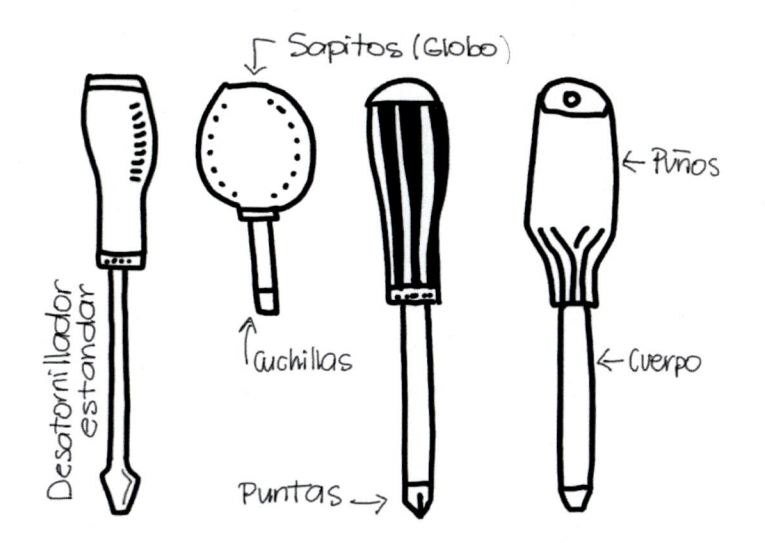

Cuchillas

Puntas →

← Cuerpo

Recomendaciones de uso:

01 **¡Derecha para apretar, izquierda** para aflojar! Gira tu destornillador en el sentido de las agujas del reloj (a la derecha) para apretar y en sentido contrario a las agujas del reloj (a la izquierda) para aflojar.

02 Empuja hacia tu material mientras giras. La punta de tu destornillador debe **encajar perfectamente** en la ranura de la cabeza del tornillo; aplica presión sobre el tornillo y el material mientras lo giras.

03 Mantén tu **destornillador alineado con el tornillo.** El vástago de tu destornillador debe estar perfectamente alineado con el tornillo, asegurando un buen agarre y que el tornillo entre en el material con el ángulo correcto. No aprietes en exceso. Una vez que comiences, podrías sentir la tentación de apretar en extremo.

04 En general, es mejor apretar hasta que quede ajustado, pero sin apretar tanto que te resulte difícil aflojarlo. Para ciertos usos, como la reparación de bicicletas, esto es especialmente importante porque probablemente necesitarás quitar y ajustar estos tornillos. **Un destornillador de torque puede ayudarte a regular esto.**

Toolbox Diseñístico

LLAVES

Sirven para aflojar o ajustar tuercas. Sus medidas vienen en pulgadas y tienen un **ángulo de 15 grados** en donde ingresa la tuerca para facilitar que podamos realizar el movimiento y generar tracción. También existen las "ranas" que son las que quitan los tornillos de las llantas o las llaves francesas que se ajustan al tamaño de la tuerca. Todas ellas son importantes porque dependiendo de la posición de la tuerca así va a ser el tipo de llave que vamos a requerir.

Por ejemplo, en fontanería para reparar una fuga, las llaves francesas son más prácticas porque nos permite ajustar. Pero en lavatorios puede que otra más pequeña sea la idónea para facilitar el trabajo en un espacio reducido.

Recomendaciones:

Cuanto más largo sea tu mango, mayor será el **poder de giro**. Dependiendo del tipo y tamaño de la llave, tu mango puede medir desde 5 pulgadas (12cm) hasta 2 pies (60cm) de largo. Cuanto más largo sea el mango, mayor será la distancia entre tu mano y el perno o tuerca, y más par de torsión podrás aplicar para girarlo.

Existen dos sistemas de medida: notarás que las llaves vienen tanto en tamaños métricos (mm) como estándar (pulgadas).

Llave fija: Tiene una boca fija en uno o ambos extremos y se utiliza para tamaños específicos de tuercas o pernos.

Llave inglesa (ajustable): Tiene una mandíbula ajustable que permite adaptarse a diferentes tamaños de tuercas y pernos.

Llave de tubo (Allen): Tiene una forma hexagonal y se utiliza principalmente para tornillos con cabezas internas **hexagonales.**

Juego de llaves: En la ferretería vamos a encontrar diversos set de llaves que van a responder a usos específicos.

Lo recomendable es ir a este pasillo e investigar cuales modelos y marcas existen en el mercado, de manera que se complemente con la regla calibradora en el caso de tornillos, tuercas y pernos porque también sus medidas van a responder al mismo estándar de medida.

Cepillo

Se utiliza para trabajar la madera sólida para poder ir eliminando las asperezas o hilos de la madera. Tienen un mango de apoyo y una cuchilla en la parte inferior que es la que se ajusta y corta.

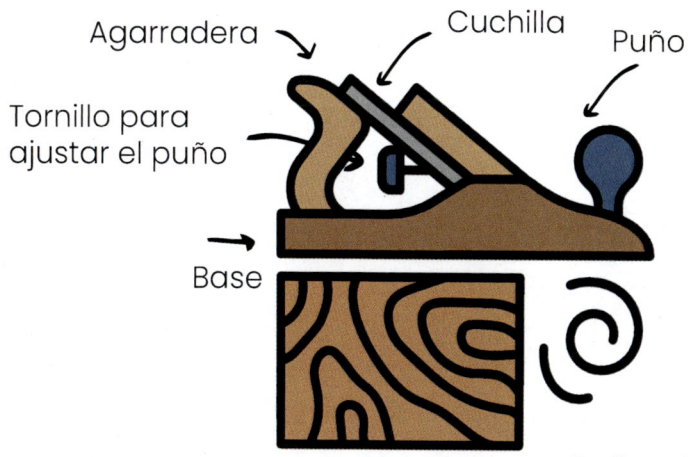

- Agarradera
- Cuchilla
- Puño
- Tornillo para ajustar el puño
- Base

Toolbox Diseñístico

Gubias y cinceles

Gubias y cinceles son herramientas manuales utilizadas principalmente en la talla y escultura de materiales como madera, piedra y metal.

Las gubias son herramientas de corte con una hoja curvada o en forma de "V".

Se utilizan para tallar y modelar materiales, permitiendo crear formas y detalles con precisión.

Los cinceles tienen una hoja recta y afilada, con una variedad de formas y tamaños para diferentes usos.

Se utilizan para cortar, esculpir y dar forma a materiales duros. Los cinceles se golpean generalmente con un martillo de goma.

Formón

Es una herramienta antigua que tiene diversos usos en el modelado de la madera, para trabajos muy artesanales.

Se emplea **en combinación** con un martillo o mazo para realizar cortes precisos y detallados, permitiendo trabajar en superficies planas o en ángulos.

Es fundamental en la creación de juntas, molduras y detalles decorativos en **proyectos de carpintería.**

Para elegir el alicate apropiado para nuestra mano, la recomendación es uno que permita con una sola mano poder colocarlo, abrir y cerrar con nuestros dedos.

No siempre vamos a encontrar el adecuado vs el uso y tamaño para la función específica, pero el ideal es ese que alcance en nuestras manos y permita manipularse sin dificultad.

Toolbox Diseñístico

Alicate Split / Joint pliers
Gubias y cinceles son herramientas Estos tienen prensa con un tornillo que permite que si las tuercas son muy grandes o el elemento que queremos ajustar o soltar se ajuste sin problema.

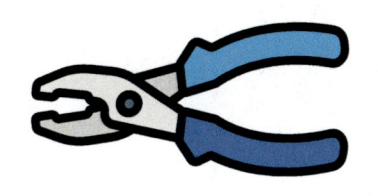

Alicate Corte diagonal.
Estos tienen las puntas afiladas para que se pueda utilizar como una herramienta de corte. Se suelen utilizar en trabajos eléctricos.

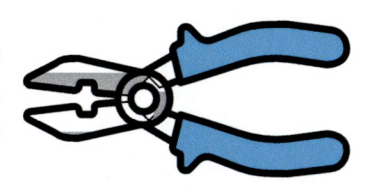

Alicate de lengua
Tienen la forma de la lengua porque se utilizan para trabajar tuberías o piezas incómodas que necesariamente no van a ser regulares.

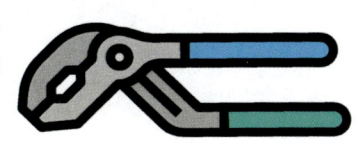

Alicate Snip
Son de manera sencilla, tijeras en forma de alicate para trabajos constructivos como cortar estructura para paredes livianas. Pueden cumplir la función de un alicate así como la función de una tijera, crear curvas y sujeción al mismo tiempo.

Alicate de aguja
Sus puntas son alargadas y semicurvas. Sirven para hacer trabajos de manualidad cuando necesitamos enrollar alambre, o bien sujetar piezas pequeñas. Casi funciona como una pinza para trabajos pequeños o bien que tengan espacios muy reducidos.

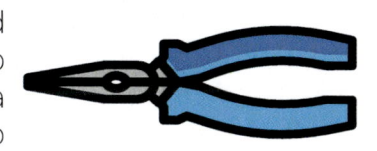

Alicate combinado
La punta de alicate tiene acción de fijación o para ajustar así como si se coloca un objeto en el interior se puede cortar, sirven para cortar, jalar, agarrar, ajustar. **Es de mis favoritos por lo práctico.**

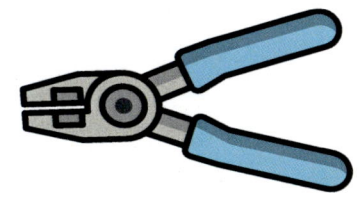

Toolbox Diseñístico

¿Sabías que este mueble se llama **Daisy?** Escanea el código y conoce su historia.

Mueble Daisy

Pasillo 7
Herramientas de corte

"Si no quieres invertir en una sierra, empieza con el serrucho y con una caja de inglete"

-Amiguita Sofisticada.

Tabitha Babbitt fue la mujer que diseñó y creó la sierra de mano. Ella logró descifrar como un disco dentado podía ser más útil y práctico para cortar materiales como la madera en comparación con el serrucho. Su ingenio lo agradecemos hasta el día de hoy en herramientas como la sierra de banco, de mesa, de mano, la ingleteadora y otras.

Antes de aprender sobre herramientas de corte, es importante aprender sobre los tipos de corte, ya que esto va a determinar qué tipo de herramienta también para facilitar el trabajo y no menos relevante,

¡NUNCA utilices ninguna herramienta de corte sin supervisión, con las manos ocupadas, el cabello suelto o bien sin la experiencia de una persona calificada que pueda enseñarle!

Importante: Diseñístico no se responsabiliza de accidentes provocados debido a una mala manipulación, descuido o excesos de confianza.

ANTES DURANTE Y DESPUÉS... Estas recomendaciones evitan accidentes

01 Capacitación: Si eres principiante, busca capacitación adecuada o la supervisión de un experto para aprender el uso correcto de la sierra.

02 Siempre hay que utilizar anteojos de seguridad.

03 Leer el manual de la herramienta, cada una tiene formas de uso específico con precauciones correspondientes. **NO DÉS POR SENTADO SU USO.**

04 Identificar qué tipo de corte es el que vamos a realizar y trazar una línea suave con lápiz para tener la guía de corte.

01 No UTILIZAR joyería como cadenas, anillos, aretes largos o bien, el cabello suelto.

05 Elije el tipo de disco adecuado. Entre menos dientes tenga el disco, el corte va a ser más tosco o desigual y entre más dientes tenga, más parejo y delicado va a ser el corte.

06 Si vas a cortar una pieza muy densa o gruesa, es importante que puedas primero cortar la pieza con unos centímetros de más utilizando un disco con menos dientes y luego **"repasarla"** a la medida correcta para darle el acabado al corte esperado.

07 Deja que la sierra haga su trabajo. Muchas veces queremos presionar de más, hacer más fuerza o tratar de forzar el corte, pero realmente la sierra está diseñada para cumplir con ciertas tareas y si forzamos la herramienta, lo único que podemos provocar que el material se dañe o generar un accidente.

Toolbox Diseñístico

08 Área Despejada: Asegúrate de que el área de trabajo esté limpia y libre de obstrucciones.

09 Buena Iluminación: Trabaja en un área bien iluminada para ver claramente lo que estás cortando.

10 Superficie Estable: Utiliza una superficie de trabajo estable y segura para evitar movimientos inesperados.

11 Revisión de la Sierra: Inspecciona la sierra antes de usarla para asegurarte de que no haya daños ni desgastes en la hoja.

12 Afilado Adecuado: Asegúrate de que la hoja de la sierra esté afilada para cortes precisos y eficientes.

13 Componentes Seguros: Verifica que todas las partes de la sierra estén bien ajustadas y en su lugar.

14 Fijar el Material: Asegura firmemente el material que vas a cortar para evitar que se mueva.

15 Posición de las Manos: Mantén las manos alejadas de la hoja de la sierra en todo momento.

16 Dirección del Corte: Siempre corta en una dirección controlada y evita aplicar demasiada fuerza.

17 Desconectar la Herramienta: Si utilizas una sierra eléctrica, hay que desconectarla cuando no esté en uso o al cambiar la hoja.

18 Limpieza Regular: Limpia la sierra después de cada uso para eliminar residuos y mantenerla en buen estado.

19 Almacenamiento Seguro: Guarda la sierra en un lugar seguro, fuera del alcance de niños y mascotas.

Toolbox Diseñístico

Antes de empezar, estos pasos son vitales previos a cortar:

Realiza la marca donde va a cortar verificando que sea la medida correcta. **Toma en cuenta que el disco de la sierra tiene un espesor aproximado de 5mm** por lo que si no considera eso, puede que te sobren o te falten 5mm en la medida que realmente necesitas. Este espesor en ingles se llama "Kerf".

Sujeta bien la pieza que va a cortar con sargentos o prensas y asegúrese que la pieza no se mueva, porque la sierra va a generar vibraciones al girar a altas revoluciones entonces puede darte un buen susto o bien provocar un accidente.

Tienes que ir midiendo y cortando 1 pieza a la vez. Si mides todas y las cortas todas sin rectificar la medida, es muy probable que la última te quede con varios milímetros menos por no considerar el espesor del disco de corte.

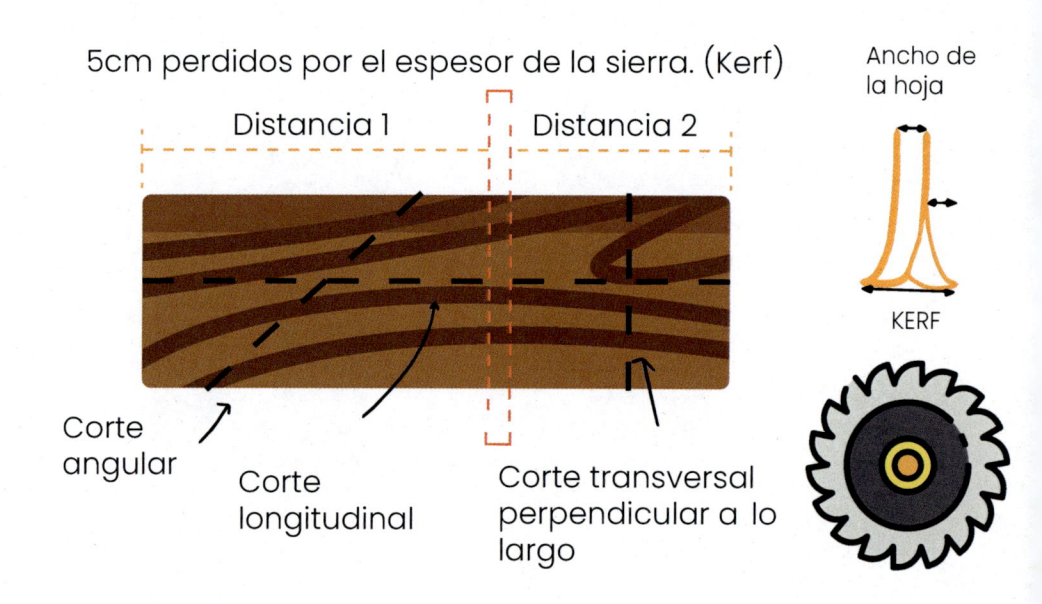

5cm perdidos por el espesor de la sierra. (Kerf)

Distancia 1   Distancia 2

Corte angular
Corte longitudinal
Corte transversal perpendicular a lo largo

Ancho de la hoja

KERF

Toolbox Diseñístico

Tipos de disco de corte.

Entre menos dientes tenga el disco, el corte va a ser más tosco o desigual y entre más dientes tenga, más parejo y delicado va a ser el corte.

Discos para Madera

Disco de Corte Rápido: Tiene menos dientes (24-40) y está diseñado para cortes rápidos y toscos en madera.
Disco de Corte Fino: Tiene más dientes (60-80) para cortes más suaves y precisos.
Disco de Corte Transversal: Diseñado para cortar a través de la veta de la madera con un acabado más limpio.
Disco Combinado: Un disco versátil que puede realizar tanto cortes rápidos como precisos.

Pocos dientes, cortes gruesos, acabado grueso

Mediana cantidad de dientes, cortes más acabados

Dientes finos y más tupidos: cortes finos

Discos para Metal

Disco de Corte de Acero: Utilizado para cortar acero y metales ferrosos.
Disco de Corte de Aluminio: Especialmente diseñado para cortar aluminio y metales no ferrosos.
Disco Abrasivo: Hecho de materiales abrasivos para cortar metales duros.

Discos para Plástico

Disco de Corte de Plástico: Tiene dientes finos y un diseño especial para cortar materiales plásticos sin derretirlos.

Toolbox Diseñístico

Discos para Mampostería
Disco de Diamante: Utilizado para cortar piedra, ladrillo, concreto y otros materiales de mampostería. Tiene una capa de diamantes en el borde para mayor durabilidad y eficiencia.

Discos Multi-material
Diseñado para cortar una variedad de materiales, incluyendo madera, metal, plástico y mampostería.

Discos de Sierra de Inglete y Sierra de Mesa

Disco de Corte Combinado: Ideal para sierras de inglete y sierras de mesa, utilizado para cortes transversales y longitudinales en madera. 
Disco de Corte Preciso: Diseñado para cortes precisos y suaves en aplicaciones de carpintería fina.

Tipos de sierras.

Sierra de mano / circular / patín.

Muy conveniente para trabajos portátiles o en proyectos cuando no hay un espacio. Se utiliza para cortar láminas de plywood. No es la más adecuada para cortar reglas de madera si estas no están debidamente sujetadas a una mesa de trabajo. Hay sierras que traen los accesorios para que se puedan fijar a un banco o mesa de trabajo y dejarlas como sierras fijas. También venden accesorios que sirven como guías para realizar cortes rectos o con ángulos.

50   Toolbox Diseñístico

Sierra de Mesa

Es muy similar a la sierra de banco, sin embargo la diferencia es que esta se sobrepone a una mesa de trabajo. Hay que fijarla y no permite realizar cortes en alta demanda ya que no tiene el tipo de motor que tiene una sierra de banco.

Son portátiles entonces se pueden trasladar sin mayor problema en caso de tener un proyecto que lo necesite.

- GUÍA DE CORTE
- HOJA DE SIERRA
- PROTECCIÓN DE LA HOJA
- AJUSTE DE LA HOJA DE SIERRA
- TIENE BASE O PATAS INDEPENDIENTES

Ingleteadora

Se coloca en base con un disco que permite cortar de manera transversal o en ángulo y en chaflán si el modelo lo permite. Hay modelos que tienen un riel telescópico para que pueda cortar piezas más anchas a una regla de madera. Hay otros modelos que tienen el beneficios de que el disco de corte pueda bajar y subir. Esto facilita el corte porque así no hay que forzar la herramienta o bien cortar piezas más grandes.

Sierra de Banco

Tiene una estructura inferior a la que se llama banco, la cual tiene los ajustes necesarios para intercambiar discos, una guía que funciona como margen para cortar. Con esta sierra podemos cortar láminas grandes de aglomerados, plywood, láminas de madera como la melina. En cada taller de ebanistería se puede encontrar una de estas por su gran utilidad y funcionamiento. **tiene que apoyarse en un banco de trabajo.**

Toolbox Diseñístico

Serrucho
Es la sierra manual predecesora a todas las sierras eléctricas. Tiene un mango de agarre, una cuchilla dentada y un pie que es donde está un orificio para poder insertar guías de sujeción. Así como hay varios tipos de disco de corte, así también hay tipos de serrucho.

Segueta
La segueta es una herramienta manual que permite sujetarse en 1 o 2 puntos con una hoja de corte fina y dientes finos. Tiene un marco metálico donde se sujeta esta hoja de corte y permite hacer trabajos manuales que no necesariamente requieren una sierra manual por el tamaño y tipo de funcionamiento. Es recomendable elegir una segueta con marco de metal, si se elige de plástico se va a quebrar más rápido.

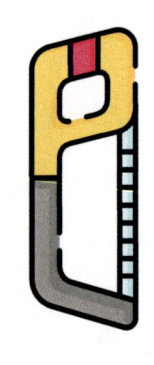

Segueta copiadora
La segueta copiadora permite trabajar en lugares complicados y cortar mientras se le va dando forma en el interior de una pieza. A diferencia de la segueta regular, ésta permite introducir la hoja de corte dentro de una pieza ya que el cuerpo es más alto entonces permite el movimiento.

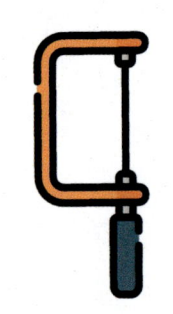

Sierra de guía en orificios.
Es como un cuchillo pero con dientes más grandes. También se le conoce como segueta de cocodrilo, por su forma. Permite cortar en espacios pequeños, como hacer orificios en las paredes livianas para colocar los toma corrientes o apagadores.

Sierra de banda
Funciona con hojas más pequeñas como las de la segueta. Se fija la hoja en dos puntos y funciona en un movimiento ascendente y descendente. Estas son muy útiles para cortar piezas más finas o bien piezas pequeñas.

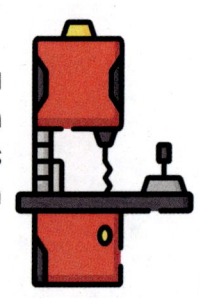

Caladora

La caladora es otro tipo de sierra porque tiene una hoja rígida dentada que ejerce la tarea de cortar. Es muy práctica para crear cortes no lineales, sirve para crear formas, curvas, realizar recorridos de corte y modelar piezas. Es de peso ligero, portátil y muy fácil de utilizar.

Recomendaciones finales.

01 **Para iniciar, enciende** la máquina con el material sin contacto con la hoja y deja que la sierra aumente su velocidad.

02 **Para cortes rectos,** usa la guía ajustable empujando la madera directamente a través de ella.

03 **Para cortes curvos,** haz giros lentos, teniendo cuidado de no aplicar demasiada tensión torcedora incómoda en la hoja. Puedes utilizar una guía también.

04 **Escucha el sonido de la hoja:** si emite un chirrido o un sonido agudo, es una señal de que estás aplicando demasiada presión torcedora sobre la hoja, y podría romperse.

Espacio para notas

Toolbox Diseñístico

Aprende más sobre el bazar de los materiales. Escaneando el código.

Pasillo 8
Herramientas eléctricas

Las herramientas eléctricas son aquellas que tienen un motor eléctrico que genera energía por medio de la electricidad que transforma en energía en movimientos específicos.

De mis favoritas está el taladro ya que puede realizar múltiples funciones, pero hay muchas más que vamos a encontrar en este pasillo.

¿Cuáles necesito? Aquellas que respondan a nuestras necesidades. Pero para empezar, un buen taladro es una excelente inversión.

Las herramientas eléctricas **están diseñadas para usos específicos,** las marcas crean modelos desde muy económicos hasta otros muy elevados, sin embargo es importante elegir herramienta que podamos usar de manera amigable, que no sea incómoda por ejemplo con el peso del taladro, que puede afectar en el funcionamiento.

Considerar también el voltaje, la capacidad de rendimiento y si hay talleres de mantenimiento o reparación que pueda brindar soporte.

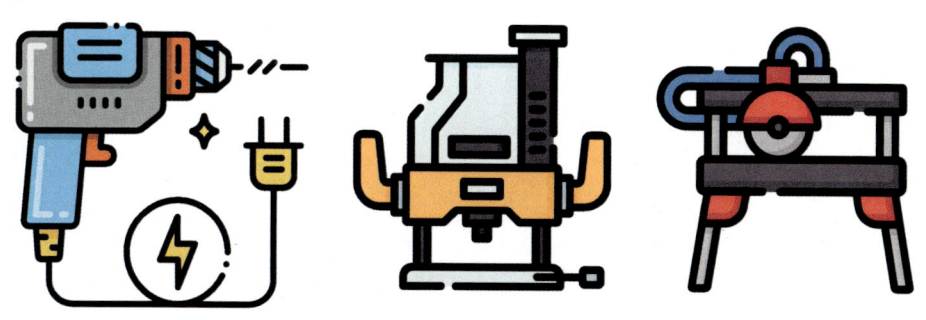

Toolbox Diseñístico

Berbiquí

En el pasado se tenía que utilizar herramientas manuales como el berbiquí, que es una forma mecánica del destornillador. **¡Te imaginas fabricar un mueble solo con destornillador!**

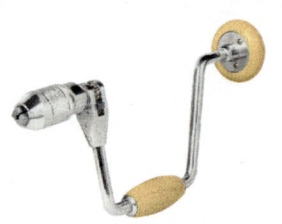

Consiste en un mecanismo de palanca que permite girar una broca mediante un movimiento de vaivén, lo que facilita la perforación con un esfuerzo relativamente bajo. Tradicionalmente, el berbiquí tiene un mango en forma de "T" o "cruz" que se utiliza para accionar la broca.

Taladro

El taladro es de mis herramientas favoritas. Es una herramienta de precisión, tal vez la más famosa en los talleres y de las más importantes. Existen varios tipos de taladro, como lo son el "atornillador" que está diseñado para atornillar únicamente, por lo que solo se podrá utilizar con puntas para tornillo como las que hemos visto en capítulos anteriores.

También está el "taladro de impacto" que permite colocar brocas para realizar perforaciones y tienen más fuerza ya que la función de realizar perforaciones demanda de más energía.

Todos los taladros van a traer su propio manual, con funciones generales y específicas. **Es importante leerle.**

Algunos tipos de taladro.

Taladros con batería

Taladro percutor

Taladro Atornillador

Taladro de impacto

Taladro de impacto

Rotomartillo

¿Cómo utilizar el taladro?

Insertar y retirar brocas: El mandril de tu taladro tiene dos partes: las mordazas metálicas que sostienen la broca y un mandril de plástico giratorio (generalmente negro). Mientras miras directamente al frente del mandril, afloja las mordazas metálicas girando el mandril en sentido contrario a las agujas del reloj (¡derecha para apretar, izquierda para aflojar!).

Ahora inserta el extremo liso de una broca. Para apretar, tienes dos opciones: sostén la broca en su lugar con una mano mientras aprietas el mandril girándolo en el sentido de las agujas del reloj **(¡derecha para apretar!)**

Hasta que las mordazas metálicas aprieten firmemente alrededor de la broca. O (esta técnica requiere más práctica), apuntando el taladro lejos de ti, sostén la broca en su lugar con el pulgar y el índice, y, con el resto de tus dedos y la palma, sostén firmemente el mandril para que no se mueva.

Toolbox Diseñístico

Luego, con tu otra mano, aprieta lentamente el gatillo, lo que hará girar las mordazas metálicas y las apretará alrededor de la broca. Practica ambas formas y ve cuál te resulta más cómoda.

Sujetar y taladrar: Para usar el taladro, tu prioridad número uno es mantener la broca perpendicular a tu superficie de trabajo (por ejemplo, si estás perforando a través de una pieza de madera horizontalmente, quieres que tu broca esté perfectamente vertical).

Agarra el mango con tu mano dominante. Tu dedo índice debe alcanzar fácilmente el gatillo y también puedes usar tu dedo índice para verificar que el interruptor de avance esté presionado. Aprieta el gatillo lentamente y luego más rápido (cuanto más aprietes, más rápido girará el taladro).

Usa tu mano no dominante para estabilizar el taladro: me gusta colocar esta mano en la parte trasera (el extremo) del motor del taladro para empujar en la dirección del taladro. Una vez que hayas perforado tu agujero, podrías pensar que necesitas invertir la dirección de rotación de la broca. Sin embargo, es más fácil mantener la dirección de rotación hacia adelante, apretar el gatillo y simplemente sacar la broca.

Ajusta tu torque: El collar de torque es útil si usas tu taladro para instalar tornillos (pero recuerda que un destornillador es mejor). Porque no quieres apretar demasiado los tornillos, tener la capacidad de ajustar el torque (cuánta fuerza ejerce tu taladro al girar) es bueno. El collar de torque tiene un rango de números (1 a 20, etc.)

Siendo el número más bajo la menor cantidad de torque. Configurar en el número más bajo, y cuando el tornillo esté suficientemente apretado, el taladro hará un sonido de clic y no girará más.

Toolbox Diseñístico

Evita el desgarro: Si estás perforando completamente a través de una pieza de madera, colócala sobre otra pieza de madera. Esto minimizará el "desgarro": cuando la broca desgarra la parte inferior de una pieza de madera al salir. También evitará que perfores tu propia mesa.

Brocas de taladro: Como con todos los tipos de hardware, hay brocas específicas para cualquier agujero que necesites perforar en cualquier tipo de material. Dado que el tamaño de los agujeros y la dureza de los materiales pueden variar, encontrarás todos estos tipos de brocas muy útiles.

¿Cuál es el taladro que debo comprar y que sea adecuado para mi?

El que podamos sostener con la mano dominante (es con la que escribimos) en el aire con el codo a 90 grados, o extendido totalmente sin sentir dolor en la muñeca y u hombro. Luego, en precio y marca, con un mínimo de 1500 R.P.M.

Toolbox Diseñístico

Taladro de pedestal.

Es un taladro en dimensiones mayores, con una base que permite fijarlo a la mesa de trabajo, tiene una mesa a la que se le ajusta la altura para calibrar cuánto se va a perforar la pieza, y un puño de agarre que calibra cuánto va a bajar o subir la broca.

Se utiliza para trabajos donde la producción es en serie, ya que permite crear plantillas de trabajo, realizar perforaciones precisas y facilitar la manipulación del material.

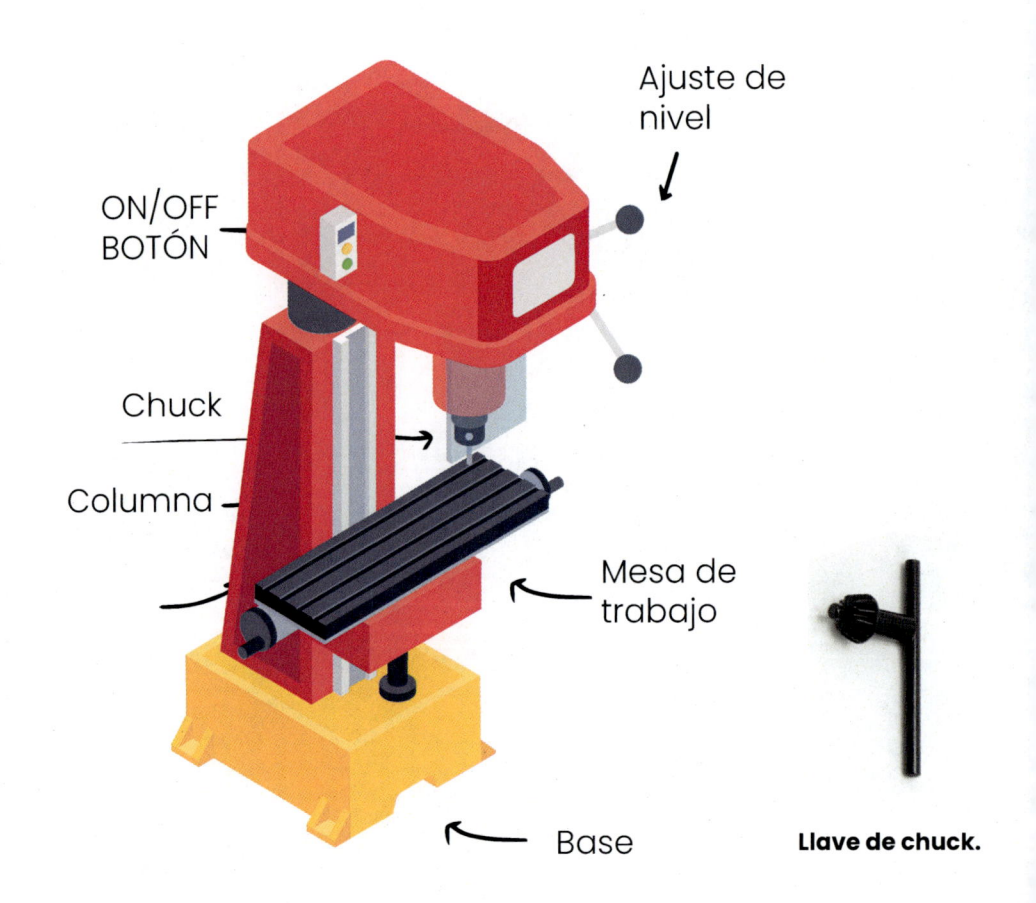

- Ajuste de nivel
- ON/OFF BOTÓN
- Chuck
- Columna
- Mesa de trabajo
- Base

Llave de chuck.

En taladros que no tengan un **chuck** eléctrico, este se utiliza para soltar las mandíbulas del taladro, girando en los tres orificios que tiene el chuck. **¿Cómo saber si necesito o no está llave?** Al adquirir el taladro, si se necesita, este la va a traer. Si no, entonces más adelante vamos a aprender como soltar y sacar las mandíbulas.

Partes del taladro

Diagrama del taladro con etiquetas:
- Chuck
- Torque
- Botón para percutor
- Punta
- Dirección de velocidad
- Gatillo de velocidad
- Motor
- Mango
- Batería

1. **Torque de control:** acá vamos a definir cómo va a ser la intensidad de trabajo.
2. **Mandíbulas:** son tres piezas en la parte frontal del taladro que sujetan las brocas o las puntas atornillador. Hay capacidad de apertura para sujeción de 1/2" o bien 3/4". Ambas funcionan.
3. **Chuck:** es la pieza que va a girar para trasladar la fuerza a las mandíbulas.
4. **Gatillo:** es el regulador de velocidad.
5. **Botón de velocidad.**
6. **Motor.**
7. **Botón de reversa o de avance.**
8. **Mango de sujeción:** para agarrarlo
9. **Batería.**

No todos los taladros son iguales, algunos tendrán la reversa en un botón separado o bien sobre el gatillo de velocidad. Es importante leer cada manual para conocer sus partes específicas.

Toolbox Diseñístico

Router / Fresadora

El **Router** es una herramienta que tiene una cuchilla en el centro como si fuera una sierra pero que corta formas particulares las que suelen llamarse **"fresas"**.

Puede ser utilizado para cortar, pero comúnmente se utiliza para hacer canales, definir bordes o crear formas de grabado.

Es importante siempre tener el cuidado necesario para evitar o generar accidentes ya que su cuchilla gira a velocidades muy altas.

Siempre utilizarlo de manera recta alineado a la superficie de trabajo, mantener contacto fijo con la herramienta y con la madera para tener control de lo que está sucediendo, así como ir graduando la velocidad.

Las FRESAS Y ACCESORIOS se consiguen en la ferretería.

Sirven para generar acabados redondeados, con ángulos, rectos, avellanados, en V o bien bordes redondeados. **Cada una va a responder a la necesidad de acabado deseado.**

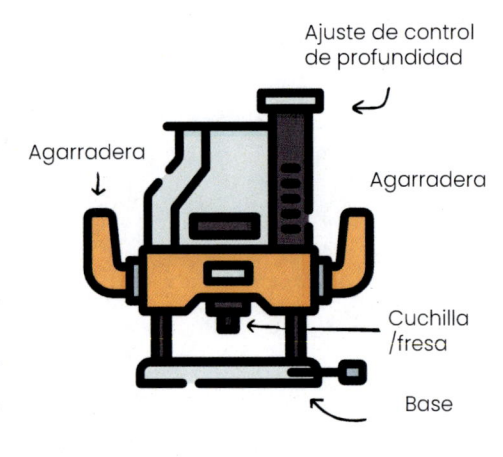

Diagrama del Router: Ajuste de control de profundidad, Agarradera, Agarradera, Cuchilla/fresa, Base.

Circular - Angular - Cuadrada

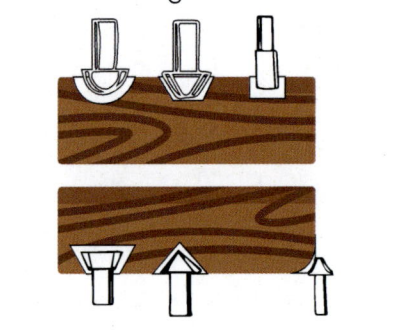

Avellanada - V - Borde redondeado

62 Toolbox Diseñístico

ANTES DURANTE Y DESPUÉS... Estas recomendaciones evitan accidentes

01 **Elegir la Fresa Adecuada:** Hay muchos tipos de fresas disponibles, cada una diseñada para un propósito específico: ranuras, bordes redondeados, perfiles decorativos, etc. Asegúrate de seleccionar la fresa adecuada para tu proyecto, **siempre leyendo cada manual.**

02 **Ajustar la Fresa:** Inserta la fresa en el mandril del router y aprieta bien la tuerca del mandril con una llave. Asegúrate de que la fresa esté firmemente sujeta.

03 **Ajustar la Profundidad de Corte:** Usa la perilla de ajuste de profundidad para establecer la profundidad deseada. Esto se hace generalmente midiendo la distancia entre la base del router y la punta de la fresa.

04 **Preparación de la Madera:** Sujetar la madera, asegura la pieza en tu mesa de trabajo utilizando abrazaderas. La madera debe estar firmemente sujeta para evitar movimientos durante el corte, usa un lápiz y una regla para marcar las líneas donde quieres realizar los cortes. Esto te ayudará a guiar el router con precisión ya que **el router tiene mucha fuerza, cuidado.**

05 **Ponte gafas de seguridad** para proteger tus ojos de las astillas de madera, usa protección auditiva para proteger tus oídos del ruido, lleva una mascarilla para evitar inhalar polvo de madera, mantén las manos alejadas de la fresa en todo momento.

06 **Encender el router:** Coloca el router sobre la madera sin que la fresa toque la superficie. Enciende el router y deja que la fresa alcance la velocidad máxima antes de empezar a cortar.

Toolbox Diseñístico

ANTES DURANTE Y DESPUÉS... Estas recomendaciones evitan accidentes

07 Hacer el Corte: Desliza el router lentamente a lo largo de la línea marcada. Mantén una velocidad constante y no te apresures. Es mejor hacer varios cortes superficiales que un solo corte profundo.

08 Control y Movimiento: Mantén ambas manos en el router y guiar firmemente. Sigue la dirección de las marcas y mantén el router en movimiento continuo para evitar quemaduras en la madera. **NO HAY QUE FORZAR LA HERRAMIENTA Y TENER MUCHO CUIDADO.**

09 Apagar el Router: Una vez completado el corte, apaga el router y espera a que la fresa se detenga completamente antes de levantar el router.

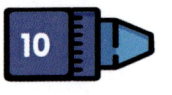

10 Mantenimiento y Cuidado: Después de cada uso, limpia el router y las fresas para eliminar el polvo y los residuos de madera, revisa regularmente las fresas para asegurarte de que estén afiladas y en buen estado. Las fresas desafiladas pueden dañar la madera y ser peligrosas de usar.

11 Prueba en Madera de Desperdicio: Antes de hacer el corte final en tu proyecto, haz una prueba en un trozo de madera de desperdicio para asegurarte de que la profundidad y el tipo de corte sean correctos, mantén control: Siempre guía el router en la dirección contraria a la rotación de la fresa. Esto te dará más control y un corte más limpio.

12 Incrementos de Corte Pequeños: Si necesitas hacer un corte profundo, hazlo en varios incrementos pequeños en lugar de un solo corte profundo. Esto reducirá el desgaste en la fresa y el router, y te dará un acabado más limpio.

Cepilladora

La cepilladora se utiliza para cepillar las piezas, o en otra definición "lijarlas" y generar un acabado mejor en las piezas de madera. Ella va a desgastar el material hasta dejarlo en el espesor deseado, de manera uniforme. Es el paso previo al lijado, porque aunque la lijadora sirve para dar acabado, ella va a eliminar los relieves propios de una madera recién aserrada.

Torno

El torno es una herramienta que se utiliza en talleres de ebanistería o de mecánica de precisión para generar piezas específicas utilizando cuchillas o formones.

El torneado es una técnica que se encuentra en peligro de extinción ya que al disminuir el trabajo artesanal en los talleres de ebanistería y la venta de productos de China, hace que las tareas de torneado disminuyan, entonces ya las personas casi no aprenden de este oficio tan poderoso.

Compresor

Es una herramienta que almacena aire y luego lo comprime para poder expulsar algún producto con presión.

Se utiliza para pintar paredes, para limpiar superficies (por ejemplo, la hidro lavadora es de la familia de los compresores), también sirve para quitar polvo, para inyectar aire a los neumáticos, o bien para aplicar acabado a los muebles / metales / plásticos.

Herramienta rotativa / dremel

Se conoce generalmente como "Dremel" aunque Dremel es solo una marca. Tiene muchas funciones como la de una lijadora en tamaño más pequeño, se puede utilizar también para crear agujeros pequeños, para desgastar superficies, en el vidrio, en metal, en la madera o plástico. Hay más de 100 accesorios para el Dremel, por lo que va a depender de lo que queramos crear.

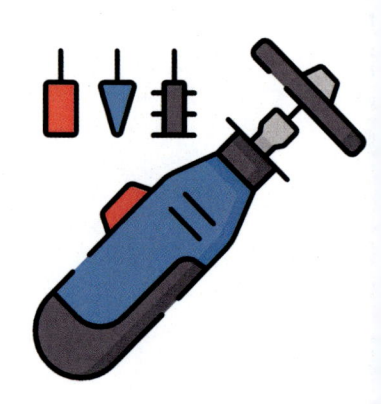

Anota aquí los accesorios que encuentres:

Recomendaciones para utilizar la herramienta rotativa:

01 Seguridad Primero:
Usa gafas de seguridad para proteger tus ojos de las partículas y escombro, protección auditiva si vas a trabajar durante períodos prolongados y lleva una mascarilla si vas a trabajar con materiales que generan mucho polvo.

02 Encender la Herramienta:
- Sostén la herramienta con una mano firme pero cómoda.
- Enciende la herramienta y ajusta la velocidad según la tarea.
- Las velocidades más bajas son mejores para trabajos de precisión y las más altas para cortes y lijados rápidos.

03 Accesorios:
Esta permite instalar una variedad de accesorios gracias a su versatilidad. Dentro de los accesorios se puede encontrar: guías de corte, guías para biselar, discos para cortar metal, vidrio, plástico, brocas, adaptador para convertirlo en router, sierra de banco y caladora.

04 Realizar el Trabajo:
- Mantén el accesorio en movimiento constante para evitar que se sobre caliente o dañe la pieza de trabajo.
- Usa un toque ligero, deja que la herramienta haga el trabajo en lugar de aplicar mucha presión.
- Si estás cortando, deja que el disco de corte atraviese el material sin forzarlo.
- Si estás lijando o puliendo, mueve la herramienta de manera uniforme sobre la superficie para obtener un acabado suave.

05 Apagar la Herramienta:
Una vez completada la tarea, apaga la herramienta y espera a que el accesorio deje de girar antes de soltarla.

Toolbox Diseñístico

Conoce más sobre **Sofi, Julia & Diseñístico.** *Escanea el código y conoce sus historias.*

Mueble Julia

Pasillo 9

Lijado y acabado.

Mientras trabajamos en nuestro proyecto, es muy importante que definamos el acabado final que deseamos generar. Si buscamos un acabado aterciopelado, o un acabado liso, si queremos reparar una superficie o bien emparejarla. Esto se logra con la lija adecuada y con las herramientas correctas.

En esta sección primero vas a encontrar recomendaciones de lijado y acabado, porque aunque no son muchas las herramientas que hay para esto, la clave está en la técnica.

Recomendación 1
Siempre lijar con el grano correcto. Así como cuando cortamos madera hay que saber bien qué tipo de sierra o herramienta de corte utilizar, de la misma manera es con el grano de la lija. La lija es una superficie de tela o de papel a las que se les añaden granos de arena.

Recomendación 2
Se clasifican por número, entre más pequeño sea el número tiene granos más grandes, por ejemplo 80, 120, 180. Entre más alto sea el número más fino va a ser el acabado. Entre más bajo sea el número de lija, más fino el acabado.

Los rangos de las lijas van desde grado 40 hasta 600, dependiendo de la oferta que tengan los proveedores. Con tan solo que la lija sea un poquito más fina o un poquito más gruesa, **los acabados serán diferentes.**

Recomendación 3
Si no vas a lijar con una lijadora, entonces envuelve la lija en un cubo o pieza plana o esponja de lijado. **Esto para que el acabado sea uniforme.**

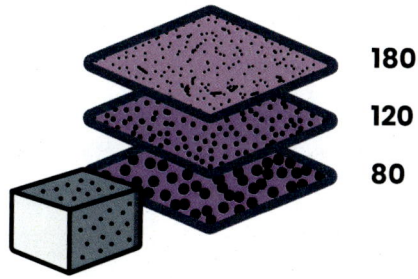

Toolbox Diseñístico

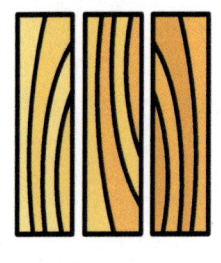

Recomendación 4
Se empieza a lijar una superficie primero con una lija gruesa y luego se va disminuyendo el número para afinar el acabado.

Recomendación 5
Siempre hay que utilizar una máscara de polvo, anteojos de seguridad y guantes si deseamos proteger las uñas o bien si somos sensibles al polvo ya que las partículas de polvo resecan la piel y **pueden dañar nuestros ojos.**

Recomendación 6
Cuando estemos lijando hay que mantener la lijadora en movimiento. Si dejamos la lijadora fija vamos a gastar más ese lugar y no queremos eso.

Recomendación 7
Elegir la dirección correcta de lijado. Si es visible en la madera la dirección de las vetas, es recomendable entonces lijar en esta dirección y no de manera transversal, ya que de hacerlo así el acabado no va a ser agradable y se van a evidenciar las líneas o marcas que deja la lija. Esto sucede tanto con la lija gruesa como la fina.

Recomendación 8
Deje que la lija haga su trabajo. No hay que forzar la lijadora, ni hacer presión sobre la lija en exceso para que lije más. El lijado es una acción que requiere paciencia y no se logran resultados mayores haciendo excesos de fuerza o forzando la herramienta.

Recomendación 9
Elija el material de la lija adecuado. Si vamos a hacer un trabajo pequeño de fácil lijado, podemos utilizar lija de papel.

Si el trabajo es más pesado, es recomendable elegir lija de tela para que tenga mejor rendimiento. Si queremos lijar en una superficie húmeda, si o si hay que utilizar lija de tela ya que la de papel se va a dañar al contacto con el agua.

Si lijas con los dedos apoyados a la superficie, entonces vas a lijar únicamente donde los dedos hacen presión y además de generar cansancio y molestia en las manos, el acabado no va a ser el deseado y va a tener que repetir el trabajo.

Tipos de lijadora

Lijadora de disco
Es una lijadora que tiene un eje rotador y que gira de manera circular para que podamos generar acabados específicos. Se utiliza en talleres especializados.

Lijadora de banda
Es una lijadora que tiene una cinta lijadora que se mueve girando en un mismo eje. Esta va a trabajar a velocidades mayores que una lijadora de mano y vamos a obtener acabados de manera más rápida y uniforme. Se utiliza para trabajos más grandes y especializados.

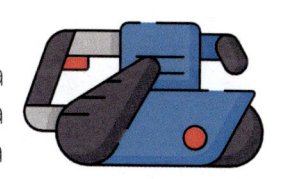

Lijadora de mano
Es una lijadora pequeña que se adapta bien al tamaño de la mano, genera vibración y se le colocan pequeños cuadros de lija sostenidos con prensas que ella ya trae. Esta sirve para hacer trabajos pequeños en el hogar, como lijar puertas, rodapiés, puertas de muebles, espacios pequeños en paredes o pisos.

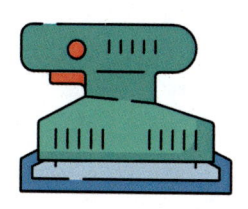

En todo tiempo, Dios ha sido bueno.

Pasillo 10
Herramientas para crear

Esta sección está dedicada para que podamos aprender detalles o habilidades que nos faciliten poder realizar desde proyectos pequeños hasta otros más retadores. Muchas veces la primer barrera es no saber como leer un dibujo o como interpretar medidas entonces no avanzamos.

¿Cómo colocar las medidas en un dibujo para mostrar de manera adecuada el tamaño?

Cuando tomamos las medidas de un objeto, es importante utilizar el lenguaje de construcción.

Esto significa que debemos de colocar las medidas de manera que otra persona pueda leerlas sin confundirse.

Si vemos la caja de **frente hacia la derecha,** el frente o ancho va a ser 20 unidades.

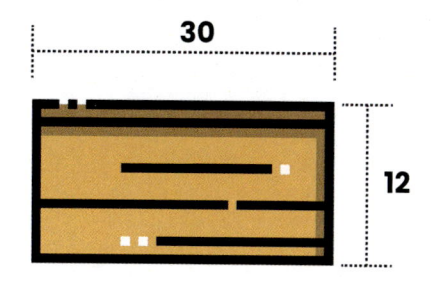

Largo 30 - Ancho 12

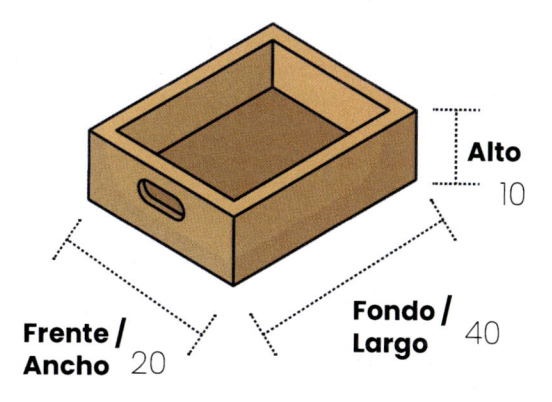

Frente / Ancho 20

Fondo / Largo 40

Alto 10

La **medida vertical** representa la altura / alto del objeto. En este caso la caja tiene un alto de 10 unidades. **El fondo o largo** va a representar, 40 unidades.

Siempre que coloquemos las medidas, vamos a colocarlas así:

LARGO + ANCHO + ALTO

Toolbox Diseñístico

Cómo leer de manera básica planos constructivos.

Así como aprendemos a leer un libro cuando somos niños/as, así también podemos aprender a leer un plano de construcción. Generalmente tienen tres elementos básicos que nos permite identificar distintos detalles del dibujo para entender lo que nos quieren comunicar: **la escala, la unidad de medida y el dibujo ya sea en planta, sección, elevación o perspectiva.**

La escala.

Cuando tenemos un dibujo en un plano, este va a tener una escala indicada, la cual representa la medida real del dibujo. Se utiliza un escalímetro que va a servir como guía para leer la medida correcta.

Por ejemplo: Escala 1:50 significa que 1 unidad de medida (puede ser 1 metro por ejemplo) está reducido 50 veces para que entre en el espacio de papel.

Si dice 1:100 es porque 1 metro se va a reducir 100 veces y **al utilizar el escalímetro**, el número 1 no va a representar un centímetro si no 1 metro. Si dice 1:1 ahí sí, 1 representa 1 centímetro tal cual.

El escalímetro es una herramienta en forma de **regla triangular** que tiene varias escalas de medición diferentes en sus lados. Cada escala corresponde a una proporción específica, como 1:50, 1:100 o 1:200, lo que **permite representar un objeto grande,** como un edificio, **en un dibujo mucho más pequeño**, pero **con medidas precisas**. Se utiliza en arquitectura, ingeniería y diseño para leer y crear planos, facilitando la conversión de medidas reales a una escala manejable en papel.

Cómo leer e interpretar medidas en pulgadas o pies

En ocasiones hay planos, manuales, instrucciones o diagramas que vienen en pulgadas o pies. Aunque en países latinos se utiliza el sistema métrico decimal, es importante saber como interpretar las medidas en pulgadas para no cometer errores.

PULGADAS

Está dividida en 16 partes iguales, que **se representan como fracciones.** Cada línea en una regla marca una fracción de la pulgada:

- La línea más larga marca la mitad (1/2).
- Las líneas medianas marcan cuartos (1/4 y 3/4).
- Las líneas más cortas marcan octavos (1/8, 3/8, 5/8, 7/8).
- Las más pequeñas marcan dieciseisavos (1/16, 3/16, 5/16, etc.).

Por ejemplo, si una medida llega a la tercera línea después de 1 pulgada, sería 1 3/16 pulgadas.

PIES

Son una unidad más grande donde **1 pie = 12 pulgadas.**

Cuando lees una medida en pies y pulgadas, primero cuentas cuántos pies hay (cada pie es un conjunto de 12 pulgadas) y luego las pulgadas adicionales.

Por ejemplo, 5' 7" significa 5 pies (5 x 12 = 60 pulgadas) más 7 pulgadas, lo que da un total de 67 pulgadas.

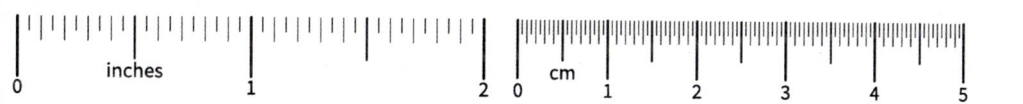

Convierte las pulgadas a centímetros:

Una pulgada equivale a 2.54 centímetros.

Un pie equivale a **30.48 centímetros.**

Ejemplo: Si tienes 5 pies y 7 pulgadas:

Convierte los pies: 5 pies x **30.48 cm** = 152.4 cm.
Convierte las pulgadas: 7 pulgadas x **2.54 cm** = 17.78 cm.

Suma las dos conversiones: 152.4 cm + 17.78 cm = 170.18 cm.

Por lo tanto, 5'7" es igual a 170.18 cm.

Toolbox Diseñístico

Dibujo de planta.

Los dibujos están hechos para poder interpretar la realidad. Ahí leemos medidas, vemos como es su diseño de frente, de fondo, desde arriba. Es importante hacer un dibujo de lo que queremos hacer para tener mejores resultados. De frente podemos tener alturas y medidas de ancho, de lado obtenemos profundidad y alto y desde arriba obtenemos profundidad, largo y ancho. **Dibujar la planta responde a como veríamos ese objeto si lo vemos desde el cielo o desde la parte de arriba.**

Frente

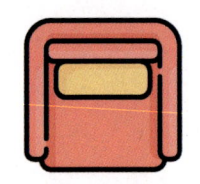

"Top"
Vista Superior

Dibujo de sección

Es como si tenemos un queque de cumpleaños de varias capas y queremos ver como es el relleno por dentro y los distintos rellenos o pisos que tiene. Por eso se llama "sección".

Dibujo de elevación

La elevación es como cuando vemos alguna cara del objeto de frente o de lado. Puede ser como ver una casa de frente donde se ve la chimenea pero no se ve el interior, o bien, cuando vemos un carro de lado o de atrás. En este tipo de dibujo las medidas se representan tal cual se indican. Se utiliza para indicar las alturas del objeto o proyecto.

Perspectiva o Isométrico

No es un dibujo plano si no que podemos ver dos o tres caras ya sea una frontal y lateral o bien incluida la vista superior. La perspectiva es como se acerca más a la forma en que los ojos ven. Isométrico es cuando las líneas están dibujadas en ángulos de 30, 45, 60 ó grados.

Cómo realizar una lista de corte.

Para realizar un proyecto, pequeño o grande siempre hay que hacer una lista de materiales con cantidades y dimensiones. Esto nos va a permitir optimizar el material y saber bien que necesitamos:

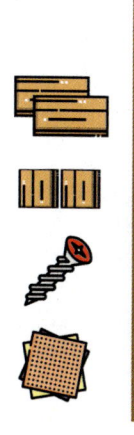

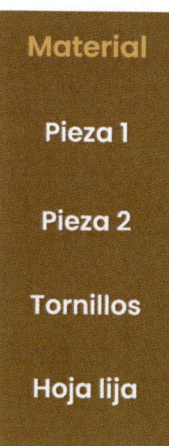

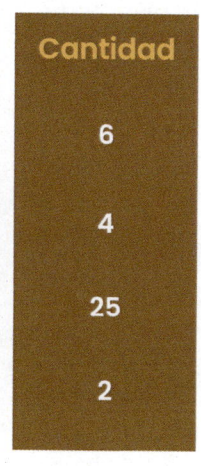

Material	Cantidad	Medida
Pieza 1	6	40x40cm
Pieza 2	4	30x40cm
Tornillos	25	2" para madera
Hoja lija	2	#80 y #180

Cómo sacar el centro de un objeto

1. Dibujar una línea cerca entre dos esquinas opuestas.
2. Realizar lo mismo en la otra dirección.
3. En donde se encuentren las dos líneas, ahí va a estar el centro de esa pieza.

El centro

Anota aquí otros hacks que descubras.

Toolbox Diseñístico

Todo el sueño diseñístico empezó con la mesita de cama. Escanea el código y conoce su historia.

Pasillo 11
Vamos a la ferretería

No te dejes intimidar: Ir a la ferretería o al centro de materiales puede ser intimidante porque estamos aprendiendo. Las personas encargadas de cada pasillo deberían de asesorarte mas no intimidarte debido al exceso de tecnicismos.

La clave es disfrutar, lleva tu toolbox y escribe tus ideas acá para que podas buscar los materiales y herramientas apropiados.

Si eres mujer y no te dan la atención correspondiente, **NO PERMITAS UN MAL SERVICIO, actitud discriminatoria o menospreciada,** pide hablar con otra persona, con la persona encargada de la tienda o supervisora.

Plataformas en línea para comparar precios: en su mayoría, las ferreterías tienen página web o servicio por whatsapp, podes empezar por ahí para comparar precios entre ferreterías, pero siempre es mejor ir en persona, así validas que estás comprando realmente y más si se trata de madera.

Invierte horas en solitario entre los distintos pasillos. Lleva este toolbox contigo, podes ir, buscar las herramientas, identificarlas, anotar marcas, hacer preguntas sin necesidad de comprar. Así vas a ir aprendiendo y adquiriendo confianza con las herramientas que luego podrías adquirir.

Apoya el negocio local. Es un universo maravilloso, y si puedes apoyar a la ferretería local, esas de pueblito, que en su mayoría emprenden, apoyarles, te aseguro descubrirás JOYAS de productos que en muchas ocasiones no se encuentran en las ferreterías grandes.

Toolbox Diseñístico

Lleva una Lista Detallada: Anota todo lo que necesitas comprar. Incluye medidas, cantidades y especificaciones si es posible. Esto te ayudará a mantenerte enfocada y evitar compras innecesarias.

Consulta con un Profesional: Si tienes dudas, no dudes en pedir ayuda. Los empleados de ferretería suelen tener experiencia y pueden aconsejarte sobre los mejores productos para tu proyecto.

Calidad sobre Precio: Aunque el precio es importante, prioriza la calidad de los materiales. A veces lo barato sale caro, especialmente en proyectos que requieren durabilidad.

Muestra Fotos o Planos: Si tienes fotos del proyecto o planos, llévalos contigo. Esto puede facilitar la comunicación con el personal de la ferretería y asegurar que te recomienden los materiales correctos.

Pregunta por Opiniones: Si estás entre varias opciones, pregunta por las ventajas y desventajas de cada una. A veces, la experiencia de otros compradores o del personal puede guiarte hacia una mejor elección.

Considera el Transporte: Piensa en cómo llevarás los materiales a casa. Algunos materiales pueden ser voluminosos o pesados, por lo que tal vez necesites organizar transporte adicional.

Compra un Poco Más: En proyectos de construcción o bricolaje, es común necesitar un poco más de material del calculado. Compra un pequeño margen adicional para evitar quedarte corta.

Verifica las Políticas de Devolución: Antes de pagar, pregunta por las políticas de devolución. Si terminas con material de sobra o no es lo que necesitas, es útil saber si puedes devolverlo.

No Temas a Preguntar: Si no entiendes algo, pregunta. Es mejor pedir aclaraciones en la tienda que descubrir que compraste algo incorrecto cuando ya estás en casa.

Usa Ropa y Calzado Cómodo: Las ferreterías pueden ser grandes y necesitarás caminar mucho. Lleva ropa y calzado cómodo para que la experiencia sea más agradable.

Lleva una Cinta Métrica: Tener una cinta métrica contigo te permitirá verificar medidas en la tienda y asegurarte de que los materiales se ajusten a tus necesidades.

Revisa las Etiquetas y Descripciones: Antes de comprar, lee detenidamente las etiquetas y descripciones de los productos. Asegúrate de que sean exactamente lo que necesitas.

Comprende las Diferencias entre Materiales: Familiarízate con las diferencias entre los tipos de materiales, como madera tratada versus madera sin tratar, o diferentes tipos de clavos o tornillos.

Considera la Durabilidad y Mantenimiento: Piensa en cuánto tiempo quieres que dure tu proyecto y el mantenimiento que requerirá. Esto te ayudará a elegir materiales que se adapten a tus expectativas a largo plazo.

Busca Ofertas y Descuentos: Algunas ferreterías ofrecen descuentos en compras al por mayor o en materiales de temporadas pasadas. No dudes en preguntar si hay ofertas disponibles.

Revisa la Garantía: Algunos materiales y herramientas vienen con garantía. Pregunta por los términos y condiciones para asegurarte de estar cubierta en caso de problemas futuros.

Toma Notas: Mientras haces tus compras, toma notas de los consejos y recomendaciones que recibas. Esto te ayudará a recordar detalles importantes para futuras compras.

Compra Herramientas Básicas: Si es tu primera visita a la ferretería, considera comprar algunas herramientas básicas como un martillo, destornilladores, alicates y cinta métrica. Tener estas herramientas en casa te preparará mejor para proyectos futuros.

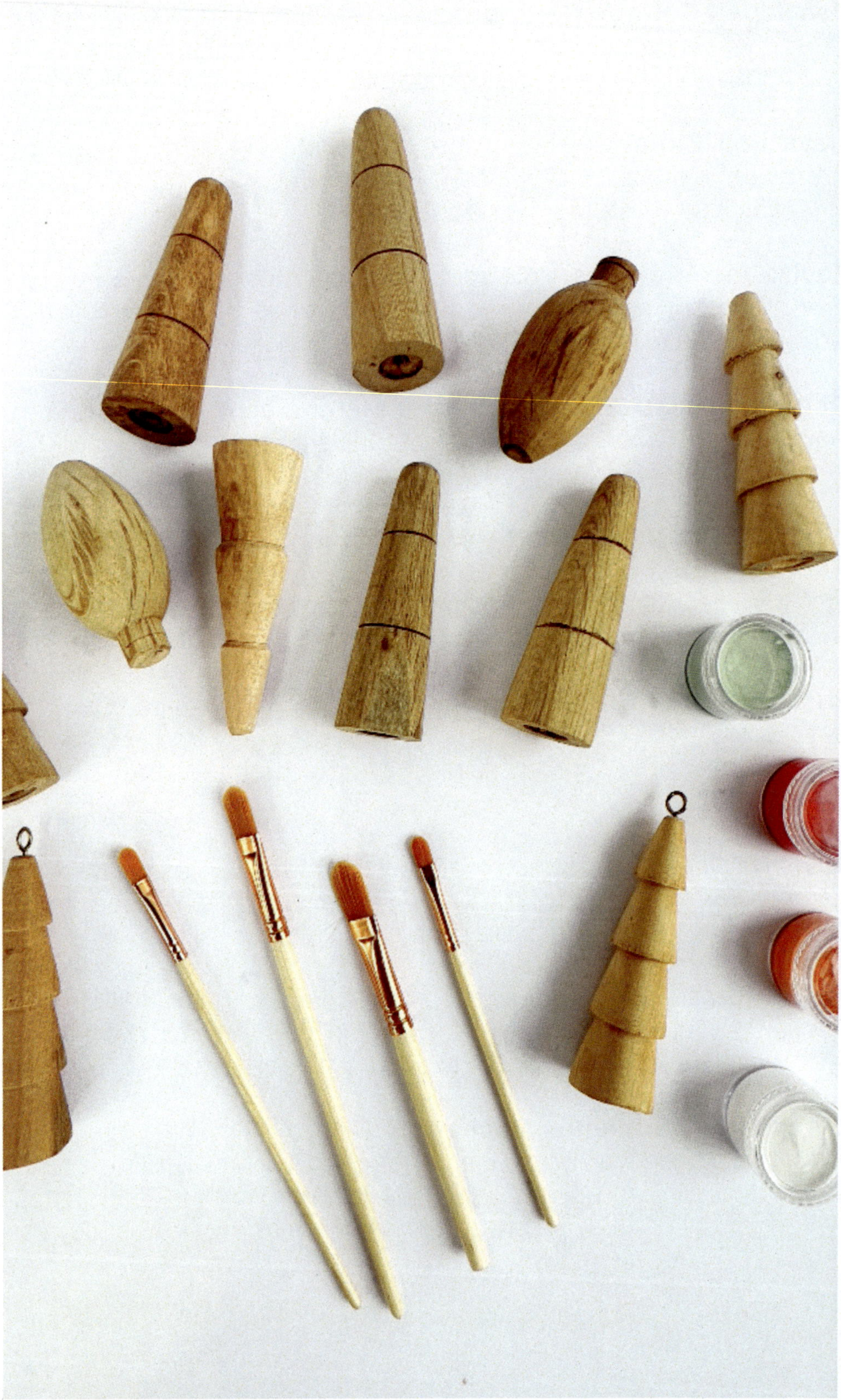

Crea tus propios proyectos.

¡ALERTA! A continuación se describe la guía para realizar proyectos en casa, estos son referencias e ideas de proyectos.

Está comprobado que las personas sienten mayor frustración cuando intentan crear cosas, seguir las instrucciones y no obtienen el resultado.

Mi idea no es que te frustres, es que disfrutes y explores. **Es por esta razón que dejo claro que puede que las medidas requieran ser modificadas ya que va a depender de la forma en que construyas cada proyecto.**

Esto lo he comprobado con más de 100 personas, que aunque tengan el mismo material y mismas medidas, su interpretación influye mucho.

Por esta razón, puede que un proyecto no te salga a la primera, que tengas que modificar medidas, mejorar el diseño y que **MARAVILLOSO.**

Si lo tienes que hacer, significa que tu creatividad está creciendo, se está desarrollando, que estás explorando y que en el arte de construir, cometer errores es vital porque nos hace aprender y mejorar. **No te rindas a la primera.**

Disfruta del proceso. Espero que esta guía sea el principio de grandes proyectos. Si necesitas soporte, podes contactarme por instagram o por medio de la página web y encantada lo resolvemos.

Estos ornamentos en madera, han sido torneados a mano, los cuales requirieron más de 50 pruebas para llegar a un producto viable.

Toolbox Diseñístico

Perchero: dos piezas de 2x2", 1 pieza de pino cilíndrico y un piso de madera pintada blanca.

¡Vamos a empezar!

Elige el proyecto: Comienza con proyectos sencillos y pequeños, como una estantería, una caja o una mesa pequeña. Esto te ayudará a familiarizarte con las herramientas y técnicas básicas sin temor.

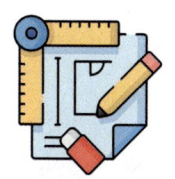

Planifica y dibuja un boceto: Antes de comenzar, planifica tu proyecto y dibuja un boceto detallado. Anota las dimensiones y los materiales necesarios. Esto te dará una guía clara y reducirá errores.

Comprar materiales: No compres los materiales muy justos. Es importante comprar un poquito de más para prevenir algún error, imprevisto o cambio en tu idea.

Prepara el espacio de trabajo: Asegúrate de tener un área de trabajo limpia, bien iluminada y con suficiente espacio. Organiza tus herramientas y materiales para que todo esté a mano y evita accidentes.

Usa herramientas básicas y de calidad: Invierte en algunas herramientas básicas y de buena calidad, como una sierra, martillo, destornilladores, cinta métrica, lijadora y taladro. Las herramientas de calidad hacen que el trabajo sea más seguro y eficiente.

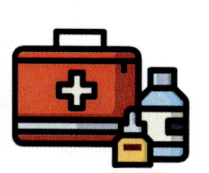

Implementa medidas de seguridad: Siempre usa equipo de protección personal, como gafas de seguridad, guantes y mascarilla para el polvo. Trabaja con cuidado y sigue las instrucciones de uso de cada herramienta para evitar accidentes.

Deja el espacio limpio al terminar. Aunque al día o semana siguiente continúes trabajando, NO dejes material en el piso o desechos.

Toolbox Diseñístico

Imagen de referencia, explora tu creatividad.

Casita de pájaros

Materiales:

- **Madera de 30cm de ancho. Tornillos para madera de 1 3/4"**
- **Pegamento para madera**
- **Pintura o barniz (opcional)**
- **Lija de grano fino**

Herramientas básicas

Se podrían utilizar más según el tamaño el inventario dentro de caja de la herramientas.

Tornillos	Brocas	Martillo	Prensa esquinera	Lijadora
Caladora	Pintura o barniz	Taladro	Papel lija	Cinta métrica

Piezas de Madera: (puede ser pino)

- **Laterales:** 2 piezas de 40 cm de fondo x 30 cm de alto.
- **Piso:** 1 pieza de 40 cm de ancho x 40 cm.
- **Parte frontal y posterior:** 1 pieza de 50 cm de alto x 40cm de ancho.
- **Techo:** 2 piezas de 30cm x 50cm de largo (para que el techo quede salidito)
- **Percha:** pieza de madera cilíndrica de 10cm de largo.

Toolbox Diseñístico

Instrucciones

Corte de las Piezas: Con la sierra, corta y lija las piezas de madera según las dimensiones ELEGIDAS.

Montaje del Cuerpo Principal: Toma las dos piezas laterales y únales con una de las piezas superior e inferior. Usa clavos o tornillos para asegurar las uniones y aplica pegamento para madera en los bordes antes de clavar o atornillar para mayor firmeza.

Montaje del Techo: Coloca las dos piezas del techo en ángulo para que se superpongan en la parte superior de la estructura principal, formando un techo a dos aguas. Asegúralas con clavos o tornillos y pegamento.

Percha y Entrada: Con el taladro, haz un agujero de entrada en la parte frontal de la casita. El tamaño del agujero puede variar según el tipo de pájaro, pero generalmente un diámetro de 3-4 cm es adecuado.

Fija la percha debajo del agujero de entrada utilizando pegamento y, si es necesario, un clavo o tornillo pequeño.

Acabado: Lija toda la casita para asegurarte de que no haya bordes ásperos o astillas, si deseas, aplica pintura o barniz para proteger la madera y darle un acabado estético.

Consejos Adicionales:
Asegúrate de que el agujero de entrada esté a una altura adecuada para que los pájaros puedan entrar y salir fácilmente.
Coloca la casita en un lugar seguro y protegido de depredadores.
Revisa periódicamente la casita para asegurarte de que está en buen estado y limpia para los pájaros.

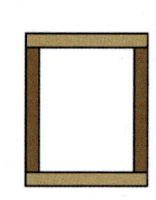

Espacio para notas y el dibujo de tu proyecto:

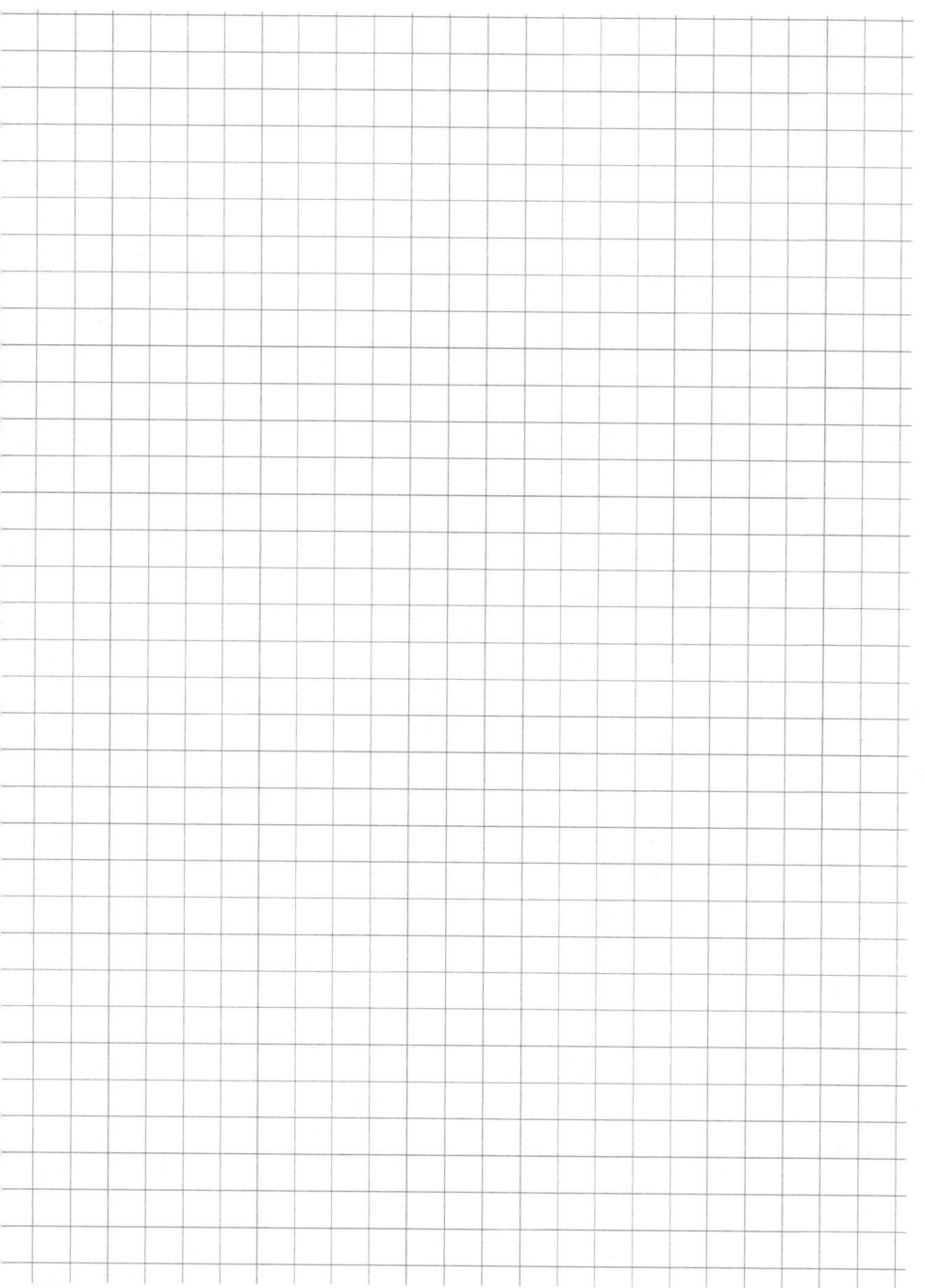

Imagen de referencia, la lista de materiales es para 1 librero angosto de tres espacios. Podes modificar las medidas para crear nuevas posibilidades.

Librero · Biblioteca pequeña

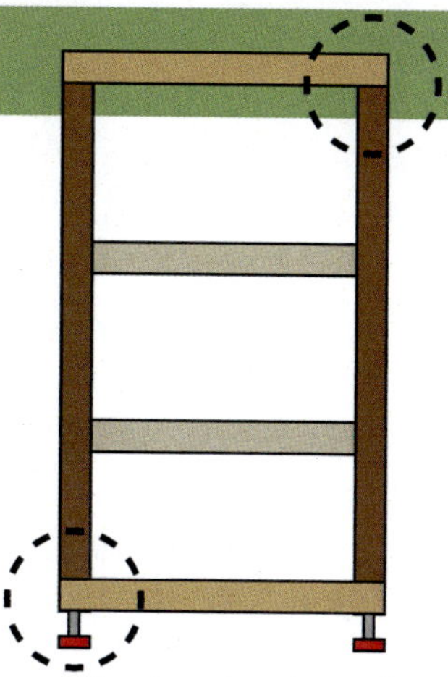

Materiales:
- **Madera de 30cm de ancho.**
- **Tornillos de 2" para madera.**
- **Pegamento para madera**
- **Pintura o barniz (opcional)**
- **Lija de grano fino**
- **Niveladores de altura (opcional)**

Herramientas básicas

Se podrían utilizar más según el tamaño el inventario dentro de caja de la herramientas.

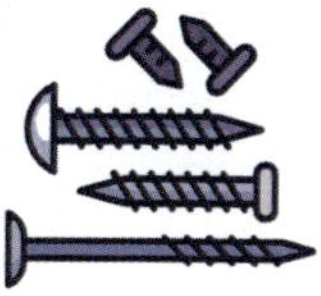

Tornillos	Brocas	Martillo	Prensa esquinera	Lijadora

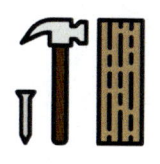

Caladora	Pintura o barniz	Taladro	Papel lija	Cinta métrica

Se puede complementar con: ingleteadora, sargentos, prensas, tapacantos, clavos para pegar el fondo.

Piezas de Madera: (puede ser pino)

- **Laterales:** 2 piezas de 30 cm de fondo x 100 cm de alto.
- **Estantes:** 3 piezas de 40 cm de ancho x 30 cm de fondo.
- **Parte Superior e Inferior:** 2 piezas de 40 cm de ancho x 30 cm.
- **Parte Trasera (opcional, para mayor estabilidad):** 1 pieza de 100 cm de alto x 40 cm de ancho (puede ser de contrachapado más delgado, aproximadamente 0.5 cm de grosor)

Toolbox Diseñístico

Instrucciones

Corte de las Piezas: Con la sierra, corta y lija las piezas de madera según las dimensiones ELEGIDAS. Es importante que considere el espesor del material.

Si el espesor es de 20mm, la medida de la repisa va a variar en comparación al piso, si es de menos, la medida de la repisa tiene que aumentar para que quede bien con la medida de la pieza superior e inferior.

Montaje del Cuerpo Principal: Toma las dos piezas laterales y únelas con una de las piezas superior e inferior. Usa clavos o tornillos para asegurar las uniones y aplica pegamento para madera en los bordes antes de clavar o atornillar para mayor firmeza. Utilice escuadra y prensas esquineras para garantizar que estén en 90 grados.

Decide la ubicación de los estantes: Es recomendable tener los estantes a distancias iguales, por ejemplo, un estante cada 30 cm.
Marca con un lápiz la ubicación de cada estante en las piezas laterales.

Fija cada estante en su lugar con clavos o tornillos y pegamento. Usa la escuadra para asegurarte de que estén nivelados y alineados correctamente.

Agregar la parte traserea (opcional): Coloca la pieza trasera sobre la estructura ya montada y fíjala con clavos pequeños. Esto dará mayor estabilidad al librero.

Acabado: Lija toda la estructura para asegurarte de que no haya bordes ásperos o astillas. Si deseas, aplica pintura o barniz para proteger la madera y darle un acabado estético.

Coloca los niveladores de altura en la parte inferior para evitar que quede inestable si el piso no está parejito, haciendo el hueco con la broca y luego insertandolos con el martillo.

Espacio para notas y el dibujo de tu proyecto

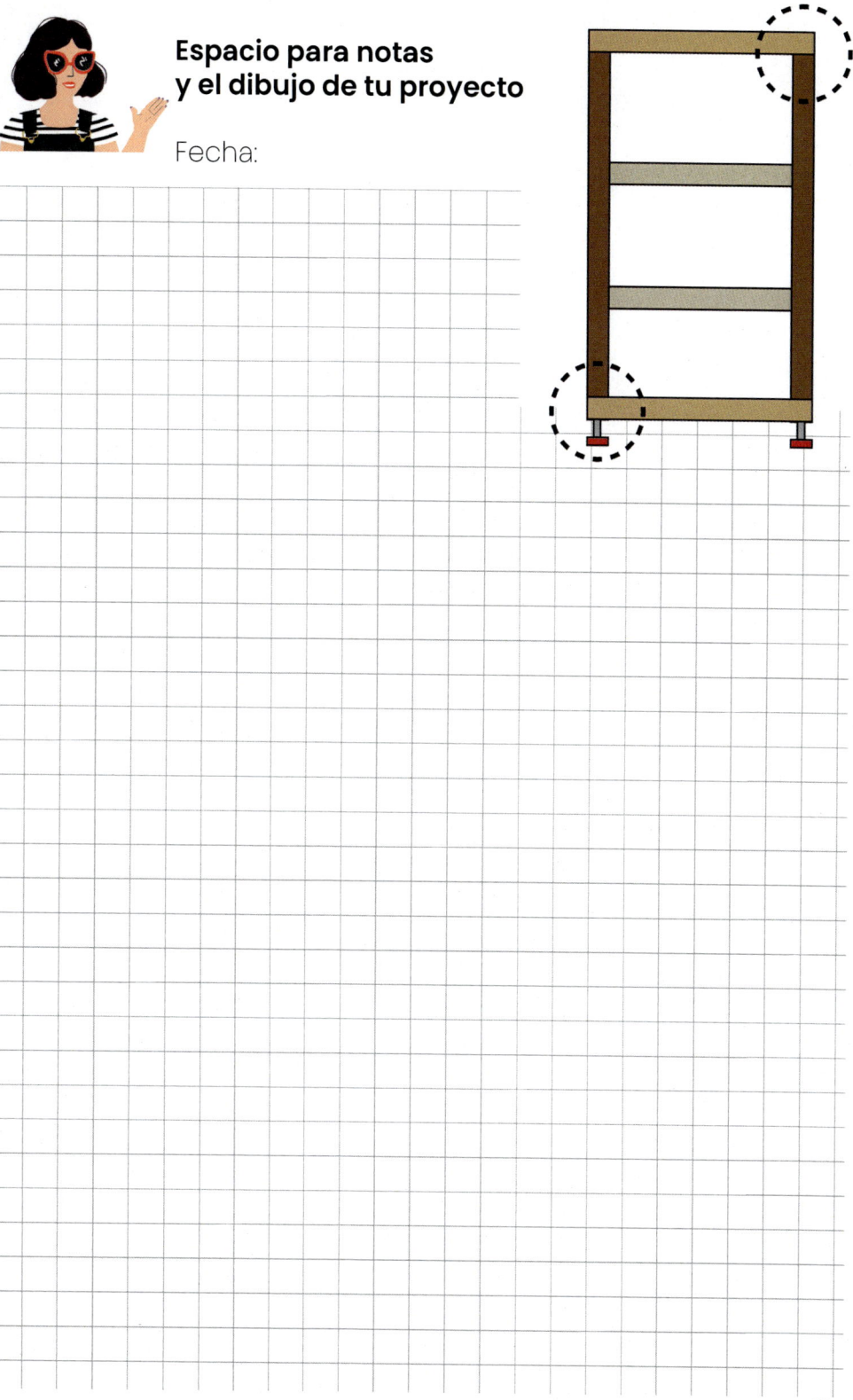

Fecha:

Toolbox Diseñístico 93

Imagen de referencia, la lista de materiales es para 1 cama con o sin patas, para un colchón de perro de 60cm. Podes modificar las medidas para crear nuevas posibilidades.

Librero · Biblioteca pequeña

Materiales:

- Lamina de plywood o pino de 1"de espesor.
- Pieza de pino de 2x2" para las patas.
- Tornillos para madera de 2"
- Pegamento para madera
- Pintura o barniz (opcional)
- Lija de grano fino
- Niveladores de altura.

Herramientas básicas

Se podrían utilizar más según el tamaño el inventario dentro de caja de la herramientas.

Tornillos	Brocas	Martillo	Prensa esquinera	Lijadora
Caladora	Pintura o barniz	Taladro	Papel lija	Cinta métrica

Se puede complementar con: ingleteadora, sargentos, prensas, tapacantos, clavos para pegar el fondo.

Piezas de Madera: (puede ser pino)

- **Frente y fondo:** 2 piezas de 60 cm de ancho x 10 cm de alto.
- **Laterales:** 2 piezas de 56 cm de fondo x 10 cm de alto.
- **Parte Superior e Inferior:** 2 piezas de 40 cm de ancho x 30 cm.
- **Base:** 1 pieza de 60 cm de ancho x 60 cm de fondo
- **Patas:** 4 piezas de 2x2", la altura va a depender de la altura del perrito, no es indispensable ponerles, podes utilizar niveladores.

Toolbox Diseñístico

Instrucciones

Corte de las Piezas: Con la sierra, corta y lija las piezas de madera según las dimensiones ELEGIDAS.

Montaje del Cuerpo Principal: Toma una pieza de frente y una pieza de fondo y únelas con las dos piezas laterales para formar un marco rectangular utilizando las prensas en escuadra.

Usa clavos o tornillos para asegurar las uniones y aplica pegamento para madera en los bordes antes de clavar o atornillar para mayor firmeza.

Agregar la base: Coloca la base dentro del marco rectangular que has formado, asegurándote de que esté alineada correctamente.

Fija la base con clavos o tornillos y pegamento para madera. Asegúrate de que los clavos o tornillos atraviesen la base y se fijen a las piezas del frente, fondo y laterales.

Acabado: Lija toda la estructura para asegurarte de que no haya bordes ásperos o astillas.

Si deseas, aplica pintura o barniz para proteger la madera y darle un acabado estético.

Consejos Adicionales: Asegurate que los tornillos queden sujetando bien cada pieza. Es recomendable colocarlos a 2cm del borde para que no revienten la madera.

Si vas a barnizar, es importante dejar secar por al menos 3 días.

Coloca niveladores de ajuste de altura en el piso para que esta no quede sentada directo al piso, de esta manera se prolonga su duración y evita que quede renca o que la madera raye el piso.

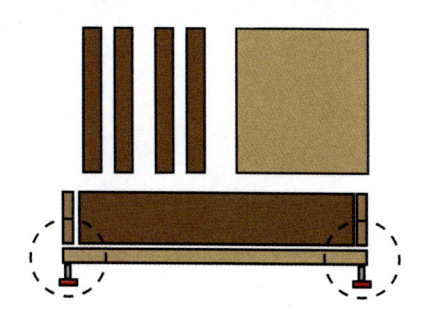

Si quieres dejar el frente abierto o colocar una espuma, podes cortar una de las piezas de frente a 5cm para que quede más bajita y facilite la entrada del perrito.

Espacio para notas y el dibujo de tu proyecto

Toolbox Diseñístico 97

Imagen de referencia, la lista de materiales es para 1 recibidor vertical u horizontal con espejo y repisa. Prueba crear el diseño que te guste más.

Recibidor con espejo

Materiales:

- Pieza de madera de 30cm de ancho.
- Tornillos para madera de 2"
- Pegamento para madera
- Pintura o barniz (opcional)
- Lija de grano fino
- Espejo de 27cm de diámetro.
- 2 ganchos para colgar.
- Cemento de contacto o silicona neutro para pegar el espejo.

Herramientas básicas

Se podrían utilizar más según el tamaño el inventario dentro de caja de la herramientas.

Tornillos	Brocas	Martillo	Prensa esquinera	Lijadora
Caladora	Pintura o barníz	Taladro	Papel lija	Cinta métrica

Se puede complementar con: ingleteadora, sargentos, prensas, colgadores metálicos.

Piezas de Madera: (puede ser pino)

- **Respaldo:** 1 pieza de 60cm x 30cm de ancho.
- **Repisa:** 1 pieza de 29cm de largo x 10cm de ancho.
- **Colgadores** de madera o de metal.

Toolbox Diseñístico

Instrucciones

Corte de las Piezas: Con la sierra, corta y lija las piezas de madera según las dimensiones ELEGIDAS.

Montaje del Cuerpo Principal: Toma la pieza de respaldo, marca donde va a ir el espejo y donde va a ir atornillada la repisa.

Has un hueco con la broca para que el tornillo pase de manera más sencilla, es importante respetar 2cm del borde de la pieza que vamos a atornillar para que la madera no se reviente y atornilla la repisa. En la parte de atrás es importante colocar dos ganchos para colgar el perchero, podes utilizar clavos o tornillos 1/2" .

Colocar el espejo: El espejo lo compramos en una vidriera, puede ser rectangular o circular, este se debe de pegar en la madera con cemento de contacto o con silicona neutro.

Si lo vamos a pegar **con cemento de contacto**, es importante colocar pegamento en ambas caras, pegamento en la parte atrás del espejo y pegamento en la madera. Este hay que dejarlo secar, si recibe un poquito de calor es mejor porque activa más el pegamento. Aplicar dos manos de pegamento y una vez estén secos colocar el espejo en donde iría y ejercer un poquito de presión. Estará seco en al menos dos horas. **Si utilizamos silicona** neutro, aplicamos en la cara del espejo, lijamos la superficie de madera y esperamos el secado por al menos 24 horas.

Acabado: Lija para asegurarte de que no haya bordes ásperos o astillas, si deseas, aplica pintura o barniz para proteger la madera y darle un acabado estético. Si vas a barnizar, es importante dejar secar por al menos 3 días.

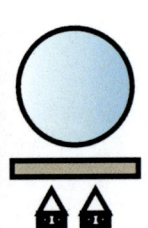

> **Podes aplicar pintura, pero primero es importante sellar la madera con un sellador en spray o con brocha para que el acabado quede mejor.**

Espacio para notas y el dibujo de tu proyecto

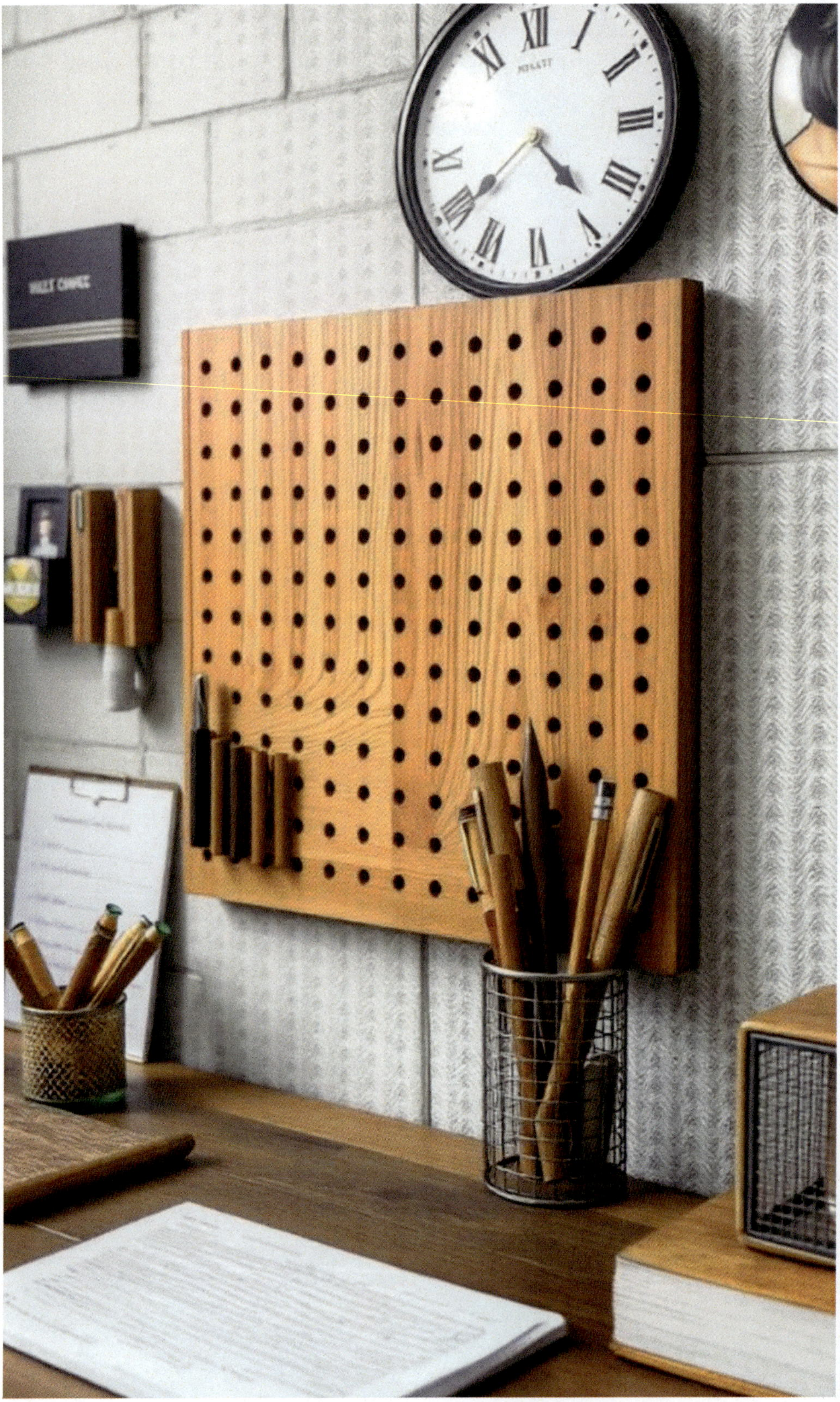

Pegboard

Materiales:

- Lámina de pino.
- Regla de pino - ancho 10cm
- Pino cilíndrico de 1/2 pulgada.
- Pintura o barniz (opcional)
- Lija de grano fino
- 2 ganchos para colgar
- Clavos de 1 pulgada.

Herramientas básicas

Se podrían utilizar más según el tamaño el inventario dentro de caja de la herramientas.

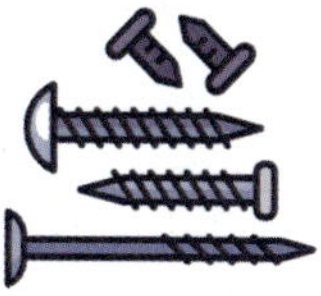

Tornillos	 Brocas	 Martillo	 Prensa esquinera	 Lijadora
 Caladora	 Pintura o barniz	 Taladro	 Papel lija	 Cinta métrica

Se puede complementar con: ingleteadora, sargentos, prensas, colgadores metálicos.

Piezas de Madera: (puede ser pino)

- **Respaldo:** 1 pieza de 60cm x 60cm de ancho.
- **Repisas:** piezas de 20cm de largo x 10cm de ancho.
- **Tacos de soporte:** 2 por repisa, de 12cm de largo.

Toolbox Diseñístico

Instrucciones

Corte de las Piezas: Con la sierra, corta y lija las piezas de madera según las dimensiones ELEGIDAS.

Marca las perforaciones: Hay que construir una cuadricula con puntos donde se van a indicar los centros de los círculos que hay que perforar.

Una vez que están todos marcados, hay que fijar la pieza a una base firme, con ambos sargentos, esto es muy importante porque si no se puede provocar un accidente y asegurarnos que al utilizar la broca, esta no perfore más abajo de la pieza.

Con la broca en paleta puesta en el taladro, vamos a empezar a hacer los huecos pero NO HAY QUE PERFORAR HASTA TRASPASAR.

Hay que quedar a medio camino para que el acabado quede bonito. Si no la madera se va a reventar en la parte de atrás y entre los huecos.

La broca en paleta tiene una punta que sale primero, esa si va a salir porque nos va a servir de marca al perforar en el reverso. Una vez que terminamos la primera cara seguimos con la segunda.

El taladro debe de permanecer siempre a 90 grados con la pieza de madera para que los tacos entren bien. Elije cual cara te quedó mejor para que esa sea el frente, siempre lijando cada perforación.

Luego procede a cortar los tacos y repisas, son 2 tacos por repisa. A las repisa podemos ponerle unos clavitos debajo para que no se salgan del espacio de los tacos y que soporten mejor.

Coloca los ganchos para colgar y disfruta de tu pegboard nuevo.

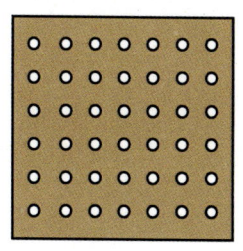

No hay que hacer tantas perforaciones, la clave está en que se vea tupido pero no en exceso. Se pueden dejar entre 7 y 10cm entre cada perforación.

Si se hacen muy cerca una de la otra la madera se puede reventar.

Espacio para notas y el dibujo de tu proyecto
Fecha:

Toolbox Diseñístico

Mueble Carmencita

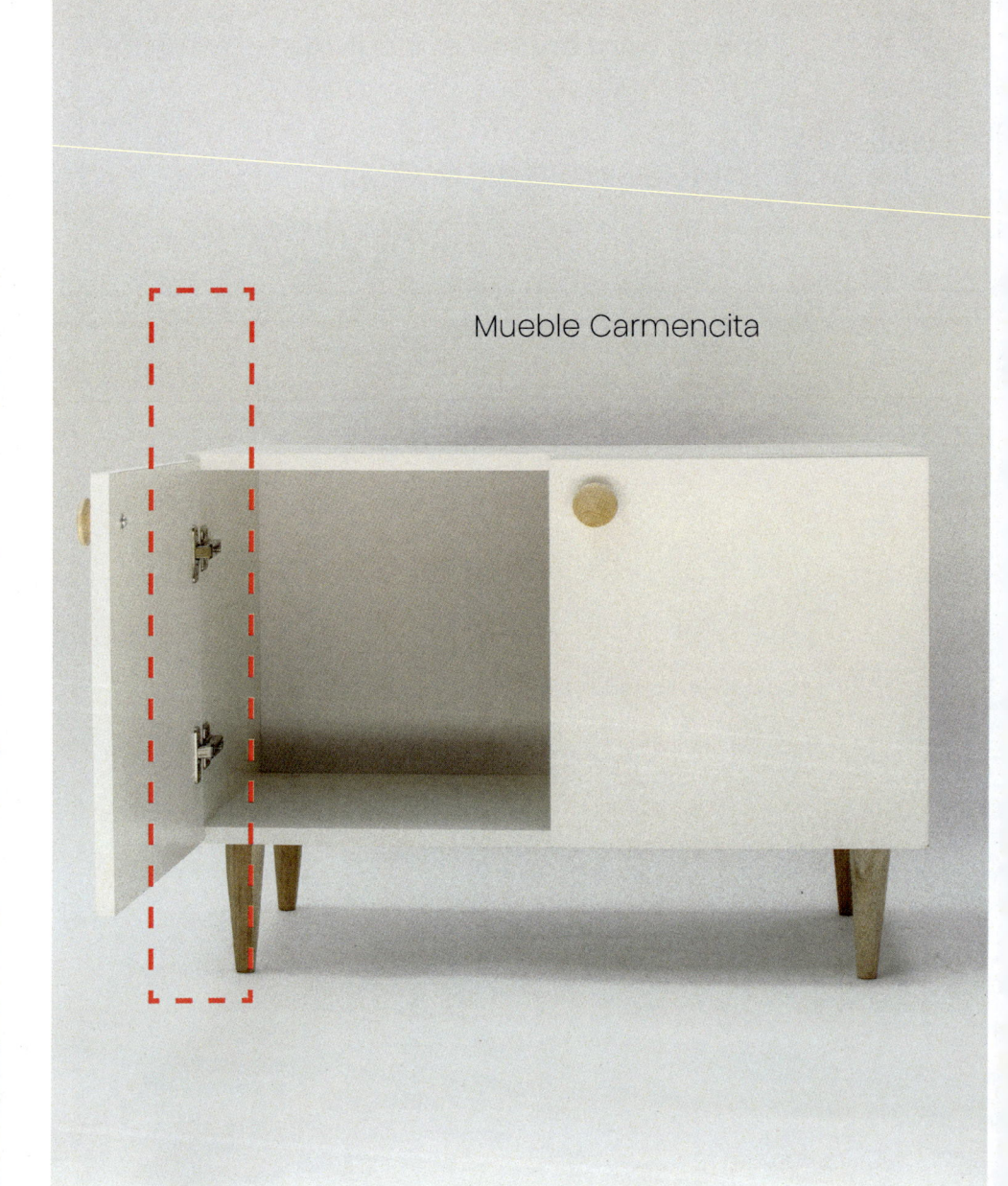

¿Cómo ajustar bisagras?

Instrucciones:

La mayoría de los muebles modernos usan bisagras de cazoleta (también conocidas como bisagras ocultas o bisagras de resorte). Estas bisagras tienen tres tornillos de ajuste:

A-Tornillo de Ajuste Lateral: Permite mover la puerta hacia la izquierda o la derecha.
B-Tornillo de Ajuste de Altura: Permite subir o bajar la puerta.
C-Tornillo de Ajuste de Profundidad: Permite mover la puerta hacia dentro o fuera del gabinete.

Herramientas básicas

| Tornillos | Destornillador Phillips | Lápiz | Cinta métrica |

1. Ajuste Lateral (Izquierda/Derecha)

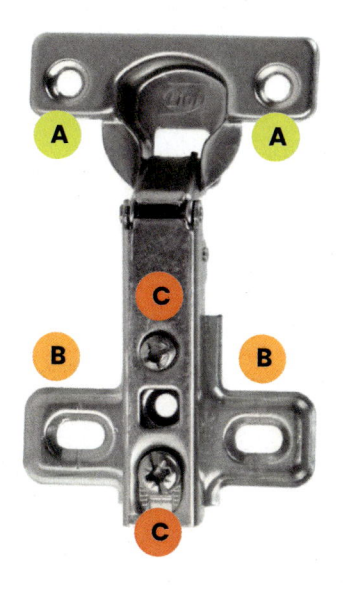

Este ajuste ayuda a alinear las puertas para que queden parecidas en su posición de cierre y a la misma distancia del marco del gabinete.

Identificar el Tornillo de Ajuste Lateral: Está ubicado en la parte delantera de la bisagra hacia fuera del gabinete.

Toolbox Diseñístico   107

Instrucciones

1. Girar el Tornillo:
En sentido horario: Mueve la puerta hacia la bisagra.
En sentido antihorario: Mueve la puerta hacia fuera de la bisagra.

2. Ajuste de Altura "B" (Arriba/Abajo) - Este ajuste ayuda a alinear las puertas en su altura para que todas estén a la misma altura.

Identificar el Tornillo de Ajuste de Altura: Normalmente se encuentra en la base de la bisagra donde se fija al gabinete.

Aflojar los Tornillos: Afloja ligeramente estos tornillos para permitir el movimiento.

Mover la Puerta: Ajusta la puerta a la altura deseada.
Apretar los Tornillos: Una vez ajustada la puerta, vuelve a apretar los tornillos.

3. Ajuste de Profundidad "C" (Dentro/Fuera) - Este ajuste asegura que las puertas estén niveladas con el marco del gabinete y no sobresalgan o estén hundidas.

Identificar el Tornillo de Ajuste de Profundidad: Está ubicado en la parte trasera de la bisagra.

Girar el Tornillo:
En sentido horario: Mueve la puerta hacia adentro del gabinete.
En sentido antihorario: Mueve la puerta hacia fuera del gabinete.

Si la bisagra está floja, puede que el hueco esté dañado, podemos utilizar un trozo de madera, "tarugo" que permita rellenar el hueco donde se fija el tornillo, lo insertamos con pegamento para madera, esperar que seque y luego lijar para poder colocar de nuevo la bisagra. Si esta está oxidada, entonces es mejor reemplazarla.

Espacio para notas

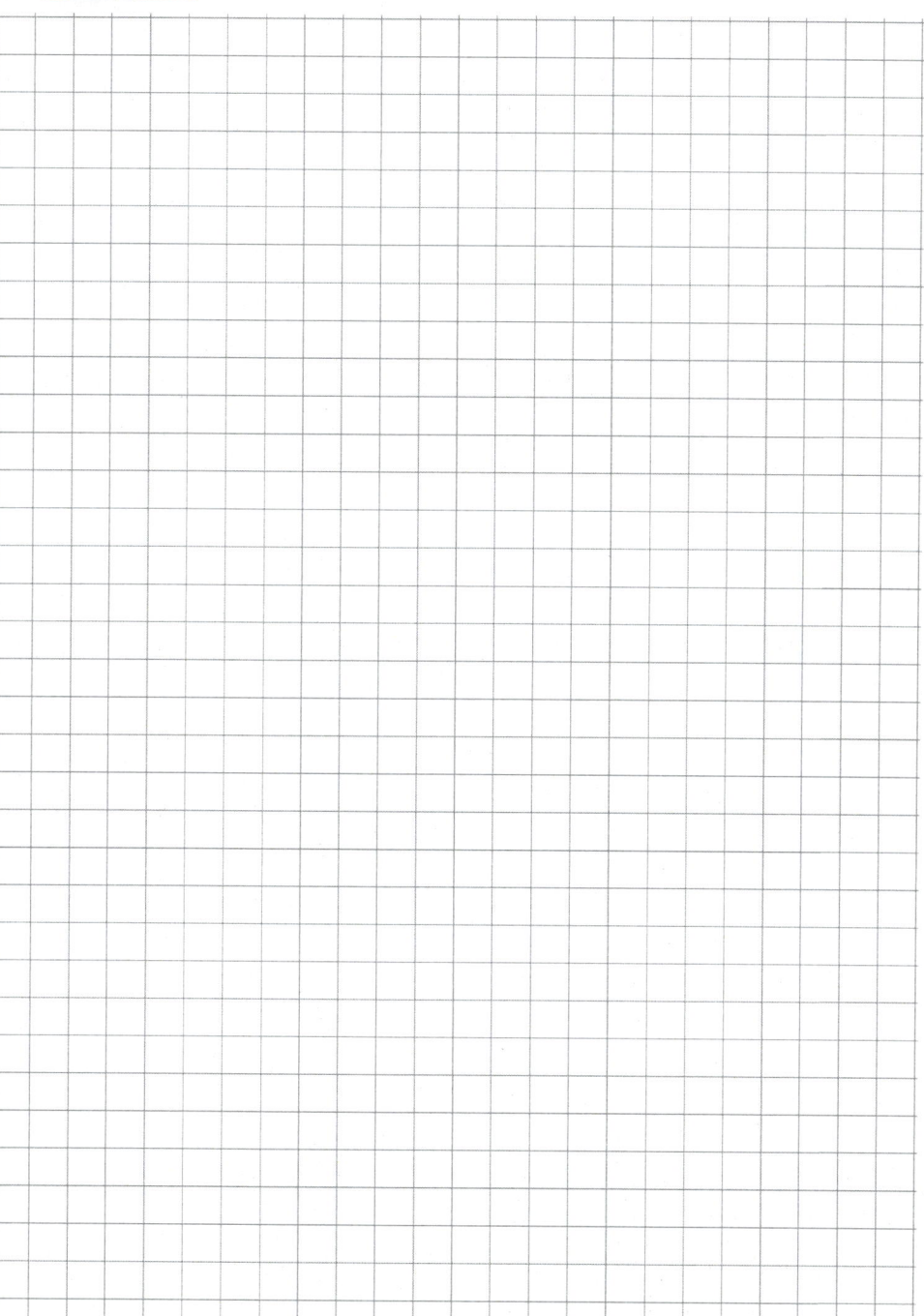

PLAYBILL
VISIT
PLAYBILL
Kinky Boots
PLAYBILL
CHICAGO
PLAYBILL
ON THE TOWN
TRADITION
IN THE CLOSET OF THE VATICAN

Cómo instalar repisas en pared de concreto o paredes livianas.

Materiales:

- La repisa.
- "espanders" espaciadores / tacos apropiados para concreto o pared liviana.
- Tornillos.

Herramientas básicas

Tornillos   Brocas   Martillo   Nivel   Lápiz

Destornillador   Taladro   Espaciadores   Cinta métrica

Medición y Marcado:
- Usa la cinta métrica para medir y marcar con el lápiz dónde quieres colocar las repisas.
- Usa el nivel de burbuja para asegurarte de que las marcas estén niveladas.

Perforación de Agujeros en paredes de concreto:
Coloca una broca de mampostería en el taladro.
Perfora agujeros en las marcas que hiciste. La profundidad del agujero debe ser igual al espaciador que se va a utilizar.

Para paredes de concreto, yo prefiero utilizar los que son cilíndricos uniformes, con estrías que vienen en diferentes tipos de colores, porque trabajan de manera uniforme con el tornillo, así como su empaque indica en la parte de atrás, la broca, tornillo y espaciador apropiado por color **para NO cometer errores.**

Toolbox Diseñístico

Instrucciones

Inserción de Espaciadores:
Inserta los espaciadores de expansión en los agujeros perforados.

Si es necesario, utiliza un martillo para asegurarte de que los espaciadores estén completamente dentro del agujero. Los espaciadores **NO SE CORTAN. NO SE DERRITEN, NO DEBEN QUEDAR FLOJOS NI MUY AJUSTADOS.**

Montaje de Soportes:
Coloca los soportes de la repisa en la pared y alinea los agujeros de los soportes con los espaciadores.
Inserta los tornillos en los soportes y atornillar en los espaciadores utilizando un destornillador.

Colocación de la Repisa:
Coloca la repisa sobre los soportes y asegúrala según las instrucciones del fabricante (generalmente se atornilla o se encaja en los soportes).

Inserción de Espaciadores:
Coloca una broca adecuada para paredes livianas en el taladro. Perfora agujeros en las marcas que hiciste.

Montaje de Soportes:
Inserta los tornillos en los soportes y atornillar en los espaciadores utilizando un destornillador.

Identifica donde está la estructura:
Con un imán se identifica donde está la estructura metálica de la pared, esto es vital para que la repisa quede soportada, de lo contrario al atornillar y colocar peso, se va a romper o dañar la pared y provocar un accidente.

Colocación de la Repisa:
Coloca los soportes de la repisa en la pared y alinea los agujeros de los soportes con los espaciadores. Inserta los tornillos en los soportes y atornillar en los espaciadores utilizando un destornillador.

Ahora es tiempo de crear, utiliza este toolbox como un aliado y el impulso para hacer tus proyectos realidad con tus propias manos, así como compartir tus proyectos con nosotras.

ToolBox
Diseñístico

Más recursos y talleres en:

www.disenistico.com

Derechos reservados, marca protegida 2024 Sofía Alpízar · Prohibida su reproducción.

Made in the USA
Columbia, SC
06 October 2024

2feff6f9-d0a1-49f5-aefa-d45e3d36ee5fR01